早稲田大学の学祖

小野梓

大隈重信が信頼した先覚者

大日方純夫

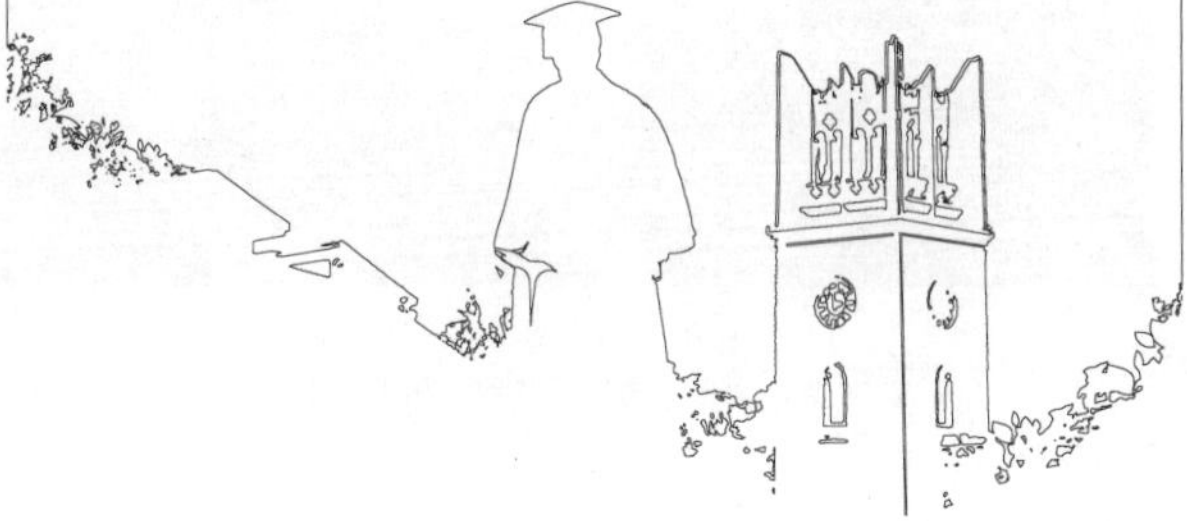

早稲田新書
026

小野梓肖像油彩　岡吉枝画　年不詳
（早稲田大学會津八一記念博物館蔵）

まえがき

早稲田大学は、大隈重信を「建学の父」、小野梓を「建学の母」と呼んでいる。ただし、「母」と言っても、この肖像画にあるように、小野梓は男性である。また、性別役割分業的なイメージからすると、「父」は〝外〟〝表〟で働き、「母」は〝内〟〝裏〟で一家を支えたという印象をもつかもしれない。しかし、早稲田大学の前身、東京専門学校の場合、〝外〟に対して建学の精神を高らかに宣言し、〝表〟で学校の設立・運営に奔走したのは、「建学の母」（小野梓）であり、逆に、「建学の父」（大隈重信）は〝表〟に出ることを避け、〝内〟〝裏〟でこれを強力にサポートしていた。こうしたあり方は、実は東京専門学校の開校事情と深くかかわるものであった。

このような大隈と小野の関係を支えていたのは、二人の間にある強い信頼関係であった。小野が記した一八八一年一月から八五年一〇月初めまでの日記を見ると、頻繁に大隈を訪ねていることがわかる。小野は大隈に、常時諸事を報告・相談し、その了解と援助を得ながらことをすすめていたのである。他方、大隈は小野を深く信頼し、その活動と志を支え続けていたと考えられる。

大隈重信の本邸は雉子橋《きじばし》（現在の千代田区役所のあたり）にあった。小野は日記で大隈のことを「雉橋老」と呼び、一八八四年一二月に大隈が早稲田の別邸を本邸としてからは、「早稲田老」と呼んでいる。ただし、「老」とはいっても、東京専門学校開校の頃、大隈はまだ四四歳であり、小野は三〇歳であった。

肖像画は一八八五年一〇月に撮影した写真をもとに描かれた三三歳七ヵ月の小野梓の姿である。しかし、結核に冒されていた彼は、そのわずか三ヵ月後に世を去った。当時、満二歳だった小野梓の末子、安子は、七〇年後、『早稲田学報』の小野梓特集号に寄せた一文で、大隈重信から聞いたつぎのような話を紹介している。

父は始終私を抱いては大隈侯邸をお訪ねいたしましたが、その節、侯御夫妻は特に私を御愛撫下さいまして、私の排尿のお世話までいただき、むつきを汚すようなことは絶えてなかった由でございました。

小野の子煩悩振りと、大隈夫妻と小野との親密さをよく物語るエピソードである。

大隈は佐賀出身、小野は土佐出身であり、また、二人の間にはかなりの年齢差もある。大隈と小野は、なぜ、どのように出会い、どのようにして関係を深めていったのか。そして、なぜ、彼らは学校をつくろうとしたのか。それは、どのような学校だったのか。

早稲田建学の精神は、開校時の小野の演説に根ざしている。それは、大隈との綿密な打ち合わせを踏まえたものであったが、開校理念を広く宣言した早稲田の学祖ともいうべき小野梓とは、一体どのような人だったのか。幕末から明治一〇年代の時期、彼が何を考え、どう生き、どのような活動を展開したのかを、早稲田の建学に照準を定めながら、最新の研究成果と新資料によって探っていってみよう。

私はすでに小野梓について、『小野梓―未完のプロジェクト』（冨山房インターナショナル、二〇一六年）を書いている。同書は、小野が全力を注いだ出版事業を、その没後に継承した出版社、冨山房の創業一三〇周年を記念した出版である。本書と重なるところもあるが、小野の生涯とその思想について、是非、本書とあわせて読んでいただきたい。また、本書は、早稲田大学百五十年史編纂委員会編『早稲田大学百五十年史』第一巻（早稲田大学出版部、二〇二二年）の成果を踏まえて執筆している。東京専門学校の開校と開校当時の状況については、同書を参照していただきたい。

目次

第一章　青春の志

——日本から世界へ

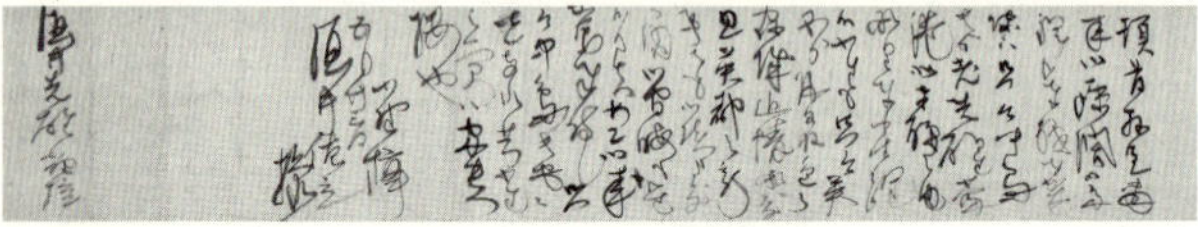

1　酒井佐立宛書簡

（早稲田大学図書館蔵）

頓首拝呈　爾来御疎濶御多祥御奉職奉賀候。陳ハ只今中島氏より老先醒当港御奉職之由承り奉雀躍候。小生も只今英国より帰着、色々宿城近情承度、且英都之新事をも御談申度候間、御間暇も御坐候得はちと御来駕奉待候。只今中島氏宅ニ在なれ共小生之寓ハ富貴楼也。

小野梓

五月廿三日

酒井佐立　様

早稲田大学が二〇二一年二月に酒井佐芳氏から寄贈していただいた小野梓の手紙である。現代文に直すとつぎのようになる。

頓首拝呈　その後ご無沙汰しておりますが、お幸せにてご奉職のこと、お慶び申し上げます。さて、ただいま中島氏からあなたがこの横浜でご奉職とのことを承り、小躍りして喜んでおります。私もただいま英国から帰着し、いろいろと宿毛の最近の様子をうかがいたく、かつ英国ロンドンの新しい出来事もお話したく思いますので、お暇がありましたら、ちょっとお出でいただきたく、お待ちしております。ただ今、中島氏の宅におりますが、私の住いは富貴楼です。

小野梓

五月廿三日

酒井佐立　様

この手紙を包んだ紙の表には「酒井先醒 小野梓」と記されている。「先醒」とは、先覚者といった意味で、年長者を敬った言葉である。手紙の宛先（受信者）、酒井佐立《すけかた》は小野と同郷の土佐国（高知県）宿毛の出身で、酒井家は領主伊賀家の騎馬の家格の家臣であった。手紙の最初に

「御奉職奉賀候」とあるように、廃藩置県後、宿毛を離れて、当時、神奈川県庁に奉職していた。小野より二三歳ほど年長ということになる。

酒井が神奈川県庁に勤務していることを「中島氏」から聞いた小野は「雀躍」し、英国から帰着したところなので、「宿城」つまり郷里の宿毛の様子を承りたく、また、「英都」つまりロンドンの状況も話したいので、時間があればお出でいただきたい。今、「中島氏宅」にいるが、自分の「寓」、つまり宿所は「富貴楼」だというのである。小野の嬉しさがあふれた手紙で、慌ただしく書いたためか、読みにくいところもある。

小野梓がアメリカ・イギリス留学から横浜に帰着したのは、一八七四（明治七）年五月二二日。したがって、この手紙はその翌日のもので、同郷の先輩、酒井佐立に書き送ったものである。『官員録　明治七年毎月改正』（西村組出版局）には、神奈川県十三等出仕「コウチ　酒井佐三《ママ》」の名があり、『掌中官員録　明治八年』（西村組出版組）では、神奈川県十二等出仕「コウチ　酒井佐立」となっている。いずれも酒井佐立の神奈川県庁在職を示すものである。

「中島氏」とは、同じ高知県出身で、当時、神奈川県令（知事にあたる）だった中島信行に違いない。一八四六（弘化三）年に土佐国高岡郡の郷士の家に生まれた中島は、小野と同郷で六歳ほど年長である。[(1)] 維新の草創期、政府の官吏となり、一八六九年に上海に赴き、一八七〇年からはイタリア・アメリカ・ドイツなど、欧米各国を歴訪して、一八七二年九月に帰国した。そして、一八七四年一月一五日、神奈川県令に任命されていた。帰着の翌日、「中島」宅を訪れた小野は、「中島」から「酒井」が横浜在勤の由を聞いて嬉しくてたまらず、「中島宅」でこの手紙を書いたのである。

手紙の末尾に宿所として記している「富貴楼」とは、「富貴楼お倉」として著名なお倉が開業していた料理店のことであろう。一八七一年、横浜の駒形町に店を開いたが、一八七三年三月の同地の火事で焼失し、同年九月、尾上町で再開業していた(2)。旅館業もしていたというから、そこを宿所としていたのであろう。

酒井がこの手紙を受け立ったことは確かだが、酒井が小野のいる富貴楼を訪ねたかどうかは、残念ながらわからない。しかし、おそらく二人は、郷里の宿毛のこと、ロンドンのことを語りあい、大いに盛り上がったに違いない。当然、小野は留学中の体験や経験を語ったことであろう。

二人の出身地、宿毛とはどのようなところなのか。小野はそこでどのように育ち、なぜアメリカ・イギリスに留学したのか。アメリカ・イギリスで何を勉強し、どのような生活を送っていたのか。

1　開国・維新の時代に生まれる

誕生の地、誕生の時

宿毛は四国の西岸、現・高知市から一五〇キロメートルほどのところにあり、伊予国（愛媛県）の宇和島に隣接する。小学館の「日本大百科全書（ニッポニカ）」は、「宿毛（市）」について、つぎのように説明している。

高知県の最西端にある市。西部は愛媛県に接し、南部は宿毛湾に臨む。一九五四年（昭和二九）幡多《はた》郡宿毛、小筑紫《こつくし》の二町と橋上《はしがみ》、山奈《やまな》、平田、沖ノ島の四村が合併して市制施行。市域は、宿毛湾奥を中心に扇形に広がり、北半は松田川流域で山がちであるが、河口部を中心に宿毛平野が開け、南部はリアス海岸をなしている。（中略）一九九七年（平成九）土佐くろしお鉄道宿毛線が開通した。古来、九州方面からの渡海地で、片島港から大分県佐伯市へフェリー定期便があったが、二〇一八年（平成三〇）より運行休止となっている。

宿毛平野の農業、山地部の林業のほか、古くから漁業が盛んであるが、現在は養殖業に重心が移った。中心市街地宿毛は、近世土佐藩家老伊賀氏の小城下町。一帯には、宿毛貝塚（国の史跡）、近世初期の松田（宿毛）城跡、河戸堰《こうどせき》、土佐藩執政野中兼山一門幽閉地や墓地などの史跡も多い。また竹内綱《たけうちつな》と吉田茂、林有造と譲治の父子二代の政治家を生んだ。（以

下略）

小野梓は一八五二（嘉永五）年二月二〇日、この宿毛で生まれた（現在、「小野梓生誕の地」の碑が立っている）。ペリー来航の前年のことである。

小野はその三〇年後の一八八二（明治一五）年に、つぎのように書いている。[3]

2　宿毛の位置

3　宿毛市の市街と宿毛湾
（写真提供：宿毛市観光協会）

4　小野梓生誕の地

形のうえでは下田の海の門を開いてわが眠りをさましたのはアメリカの海軍提督ペリーのようだが、その実から言えばわが日本を開いたのは世界「改進の速力」だ。日本は長い間、海の門を閉ざして世界と交際することなく過ごしてきたから、最近まで世界の大勢を知らなかった。しかし、早くもすでに二〇〇年前、この「改進の風潮」が世界にそそがれ、世界はその恩恵をこうむってきた。それは欧米二洲を潤しただけでなく、南はそそいでアフリカに入り、東はアジアに及び、その極、ついにこの日本に及んだ。「改進の速力」がまだ微弱で余力がなかったら、「百のペルリ」「千の水師提督」がいても、日本の鎖を開くことはできなかったに違いない。世界「改進の速力」がペリーの手を借りて日本を開国させたのだ。

小野はこう書いている。ペリー来航の二〇〇年前といえば、イギリスのピューリタン革命（一六四九年）・名誉革命（一六八八年）の時代にあたる。イギリスに始まった市民革命は、一八世紀後半のアメリカ独立革命（一七七六年）、フランス革命（一七八九年）へとつづき、封建社会を近代社会・資本主義社会へと転換させていった。日本が「鎖国」状態にあった江戸時代、欧米では近代化の波が高まり、産業革命によって産業資本を確立した西ヨーロッパ諸国やアメリカは、一九世紀半ば、工業製品の市場や原料の供給地を求めて、アジアへと進出した。このような世界に広がる近代化・資本主義化の巨大な流れを、小野は「改進の風潮」ととらえ、そのうねりがペリーの手を通じて日本を開国させたのだと主張しているのである。

小野梓が生まれたのは、こうした大きな歴史の変動に日本が組み込まれ、激動の時代に突入しようとしているまさにその時であった。小野梓が生まれて一五年ほど後に、江戸幕府は倒壊する。新しい時代が始まるのは小野梓が一五・一六歳の時のことであった。

病弱で勉強嫌い

小野梓は、父節吉、母助野の二番目の男児として生まれた。幼名は𪚥《てつ》一《いち》といったらしい。兄は作馬（周松、稠松）だが、父節吉が自分の兄の子実之助（義実）を養子としていたから、家系上は三男ということになる。宿毛の領主は土佐藩の家老伊賀氏で、父の節吉はその家臣（軽格の武士）であったが、あわせて薬種問屋を経営していた。小野梓が書き残した「自伝志料」という自伝があり、父の筆記や母から聞いた話、自分の記憶などにもとづいて記述しているので、以下、それにもとづいて小野梓（以下、梓と表記）の生い立ちを追ってみよう。

幼少の頃の梓はひ弱な体質で、病気がちだったらしい。時々胸痛がひどくて遊戯できないことも多かったという。幼少の時、脳病に冒されたらしく、時々痙攣して気絶したことが多かった。三歳の時、宿毛村に大地震がり、乳母とともにある家の庇に押し倒され、死んだと思われたが、不思議に助かった。嘉永七年一一月五日（一八五四年一二月二四日）に発生した巨大地震（紀伊半島から四国沖を震源とする）の際のことである。南海トラフで発生した推定規模マグニチュード八・四のこの地震は、現在、安政南海地震と呼ばれている。

五歳の秋、習字を始めたが、幼少の頃は大の読書嫌いで、習字を嫌ってただ遊戯にばかりふけっていた。そのためか、七、八歳の頃、唐詩五言古詩の首章、「中原還追鹿」の一篇を覚えるのに三か月もかかったことがあった。また、大学一巻を素読するのに二年間もかかった。

一八六〇（万延元）年、九歳からは宿毛の儒者酒井南嶺のもとに入門して習字と読書の勉強をした。しかし、依然として怠けていて何事にも勉励せず、読書はわずかに中庸の首章、書は三体詩宮詞の篇まで習っただけだった。いつも机にもたれて眠り、他の友だちが帰ってしまった後、夕方になって目が覚め、驚いて家に帰ったことがしばしばあった。

一八六三（文久三）年、武士教育のため宿毛に開設されていた講授館が文館に改められ、宿毛士族の子弟を対象として、読書、習字、算術、作文の四課を教育することとなった。一一、二歳だった梓もここで学んだが、等級ははるかに他の人の下だったため、梓は悔しいと思った。父はその悔しさに乗じて、梓を強く戒めた。地元に性格が敏捷で、物事に機敏な、当時、奇童といわれていた子がいたので、父は「彼は一地方の奇童にすぎない。しかし、お前はなおこれにさえ及ばない。思うに天下は広く、この程度の奇童はたくさんいる。お前は何で奮発しないのだ」、と梓を叱咤激励した。それ以後、梓は学校でビリになることを恥じて日夜怠らず勉強した。昼は文館で、夜は父のもとで学んだという。

「日新館第一の書生」

一二、三歳の時、ある夜、父と炉辺で話した際、父は梓の志を尋ねた。梓は、この郷土は譬えてみれば子屋のようなものなので、私はこの子屋に住みたくありません、と答えた。生まれ育った家には母屋と子屋があり、子屋は普通は使わず、読書だけに使っていて極めて狭かった。狭い宿毛の地域社会を出て、広い日本のなかで（さらには国際社会のなかで）学びたいとの志向が、梓のなかに萌していたのである。父の筆記には、「この児の志、愛すべし」と記されていた。

文館の助教役だった酒井南嶺が、一八六五年、私塾の望美楼を開いた。梓はこの私塾に入って、大いに勉学に勉めた。南嶺は揮毫に「日本人酒井三治」と書いたというから、その気骨が梓の精神形成に多大な影響を与えたことであろう。

一八六七（慶応三）年、領主伊賀氏は文館を拡張して日新館という漢学校を興し、大いに子弟の教育を進めた。そこで梓も学校がある時は望美楼ではなくこの学校で学んだ。梓の学問は今までより優れてきて、「日新館第一の書生」と呼ばれるようになり、館の二階にある優等学生読書室で読書することを許された。この部屋で読書することは当時、名誉なことだった。酒井南嶺と父はさらに一層勉強するようにと梓を諭した。

日新館開校の前年（一八六六年）一月一八日、父節吉は、伊賀家の命令をうけ、領内の物産輸出のため、竹内綱・立田強一郎（小野義真）とともに大坂に赴くことになった。この旅には、物産を郷里に興すという目的だけでなく、京都・大坂方面の形勢を観察するという意図もあった。梓もいつとはなく尊王討幕のことを聞き知っていたので、父に随行して京都・大坂方面の様子を見、あわせて京都・大坂の大家のもとで一層学問を研究したいと頼んだ。しかし、当時、父は、「お前の志は大いによいが、年少で都会の地に出るのはよくない。もう少し郷里で学びなさい。学ぶのに必要な書物は何でも送ってやるから」と言った。

父の遺訓

父節吉は、七月、大坂から帰郷して喀血し、一二月二九日に死去した。父は病床にあったある日、梓に対してつぎのように言った。

お前も生まれて丈夫となったからには、真の大丈夫としての実を失わないように勉めなさい。思うに、大丈夫というものは、現実の務に当たってその志をおこなうことができるなら、少しも辞せずにこれに当らなければならない。もし不幸にしてこれに当ることができなければ、その時こそ、平生学び得た学識をもって不朽の書物を著し、後世に貢献しなさい。また、昔から学者というものは多いが、大抵は腐儒の学であって、現実の役にあまりたたないものばかりだ。このようでは、結局、無用の長物となるに過ぎない。お前は書を活用する人となって、書を読む人となってはならない。

また、病が重篤になったと見えた時（死去の前夜）、父は梓を呼んで言った。

我が家は新田義貞の末裔であり、南朝忠臣の末裔なので、自分も尊王討幕に少なからず尽力してきた。しかし、不幸にも病気となって明日にも死ぬかもしれず、志を空しくせざるを得ない。これは天命だから恨みはないが、王家回復の事業をみることなく終わるのは残念でたまらない。お前は自分の子なのだから、その志を継ぎ、お前の身をもって王家と国家のために尽くしなさい。身をもって犠牲とし、これを国家の用に供するのは、男子第一の栄誉なのだ。

一五歳の少年梓は、父の言葉を聴いて涙が流れてならなかった。梓を病気の枕元に呼んだ父節吉の遺訓、「その身を国家の用に供すべし、書を活用する人となり、書を読む人となるなかれ」は、終生この少年の心を離れることはなかった。

父節吉が死去した後は、父の友人である小野義真・中村重遠・岩村通俊といった人びとが、梓の行く末を心配し、さまざまな注意をしてくれた。そのなかでも、中村は海外に出て西洋の事情を知ることが急務だと説き、梓に海外での遊歴を勧めた。これは、その後、梓が海外に留学するもととなった。

小野義真は岩村通俊と従兄弟の関係にあり、生家は大庄屋の職をつとめていた。中村重遠は二三歳で文館の句読役に任命されていた。岩村通俊は当時、文部頭取をつとめていた。三人とも同じ年頃、二〇代半ばの青年であった。

戊辰戦争の少年兵

この頃、上方の様子もなんとなく変わってきたため、各藩では軍備の用意が盛んになり、洋式の兵法が次第に広まった。土佐藩は英式を用い、伊賀氏も同じくこれを用いたので、梓も筆墨読書のかたわら、砲術を学び、時々、操練をした。

時は幕府が倒壊する寸前の一八六七年、梓は勉学のかたわら砲術を学び、操練に従事していた。そして、やがて実戦に従事する機会がおとずれた。戊辰戦争である。

将軍は職を辞し、引きつづいて東北地方で戦争が始まった。梓も従軍したく思い、いろいろと思案していた。しかし、その手立てがなく困っていたところ、ちょうど戊辰（一八六八年）の七月頃、伊賀氏も中村重遠の勧めにより出兵することに決めた。伊賀家の嫡子陽太郎を中心とする機勢隊が組織されたのである。そこで梓は重遠に頼んで是非従軍したいと申し出た。まだ弱年のため伊賀氏が許さないだろうということだったが、強く願い出て、ついに従軍がかなった。

総勢一一一名の機勢隊の一員として、七月一四日、梓も宿毛を出発した。機勢隊は高知で本藩の土佐藩の兵と合流し、大阪・京都を経て北陸に向かった。すでに戦いはほとんど終わっていたが、機勢隊は九月、岩国の兵とともに庄内攻撃に参加した。梓もその一員として雷《いかずち》村砲台への

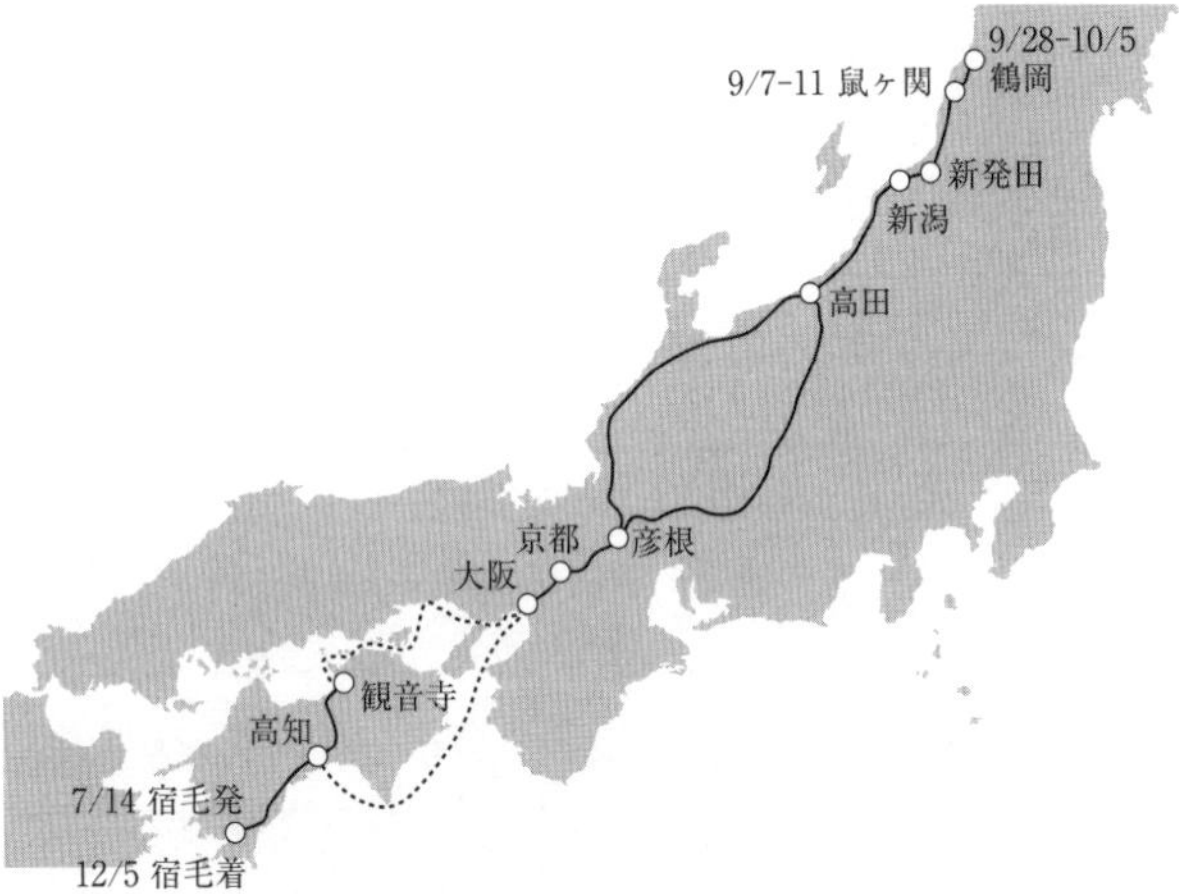

5　宿毛機勢隊の出陣径路
（宿毛市ホームページ「宿毛市史」をもとに作図）

6　宿毛機勢隊員 小野梓
（国立国会図書館憲政資料室寄託）

攻撃などに参加した。

庄内藩の降伏をもって戦いは終結し、機勢隊は越後の高田を経て善光寺に出、中山道を通って京都に帰り、高知を経て、一二月、宿毛に戻った。写真6は凱旋の途中で撮影されたと考えられ、右端が一六歳の少年兵小野梓である。右手に大きな刀を持っている。着物姿の他の三人に対し、梓は洋装でズボンと靴を履き、左手に持っているのは帽子のようである。髪型も三人とは違っている。

小野梓は後に『国憲汎論』の第四三章「兵力の事を論ず」で戊辰戦争時の体験に触れ、今、机の上で筆を持っているこの手は、かつて戦陣に臨んで銃剣を操った手だと書いている(4)。

2　日本のなかで、アジアのなかで

宿毛から日本へ――〝平民小野梓〟の誕生

一八六九(明治二)年、かねて向上心・向学心を抱いていた小野梓は、ついに宿毛を出た。二月頃、岩村通俊が新政府に登用され、京都に出ることになった。岩村はかねてより梓の志を知っていたので、一緒に連れて行くと言った。そこで、梓は岩村に伴われ、宿毛から船に乗って大阪に着いた。大阪では小野義真も来て、岩村ともども梓の将来のことをあれこれと世話した。二ヵ月ほど滞在して京都に出て、まもなく岩村とともに東京に赴いた。梓は岩村のもとに起居して、漢学を修めた。ある日、岩村は酔ったような様子で、扇子で梓をはしと打ち、「貴様は節吉の子だぞ。今の様子では親に及ばぬぞ」と言った。この一言は、梓の骨髄に達し、いかにも残念との思いから、「おのれ、見よ」との心を起こさせた。この扇子の一撃ほどありがたこったことはない、と小野梓は書いている。梓の決心を促した扇子の一撃と岩村の一言であった。

岩村は七月、函館府権判事に任命されて北海道に赴くこととなった。梓は東京に残って、九月頃から昌平校で学んだ。ところが、土佐藩は藩邸の学校に学ばないことを嫌って梓に帰郷を命じた。土佐藩では藩邸に学校を設け、在京の書生は皆この学校に入るように命令したのである。しかし、はるばる郷里を去って東京に出てきたのは、単に書物を読んで覚えるためではない。梓は、広く他藩の人と交わって天下の大勢を知ろうとするつもりだとして、これを拒んだ。そこで、藩邸は帰国を命じ、藩庁の汽船に乗せて梓を土佐に連れ帰った。藩当局の措置に憤った梓は、士格を脱して平民になろうと決心した。つらつら考えてみるに、このように藩庁の束縛をうけるのも、結局、帯刀の身分で士族だからだ。それなら、かねがね東京で考えたように、今から士族の格を辞退し、平民となって、この身を自由にすることこそ、今日の上策だ。梓はこう考えて、平民となる願いを出すことにした。しかし、伊賀氏がこれを聞き届けないので、やむを得ず他の家に養子にいく形にして平民となった。

こうして小野梓は叔父善平の養子となって、士族籍を棄てた。〝平民小野梓〟の誕生である。[5]自由の身となった梓は、一八七〇年春、大蔵省会計監督官として大阪にいた小野義真を訪ね、同家に寄寓して英学を学びはじめた。

中国旅行と「救民」の構想

以前から海外に行きたいという志を抱いていた小野梓の思いは勃々としてやまず、小野義真にそのことを話した。これに対し義真は、「それなら、兎も角、いったん中国の上海あたりまで行ってみるのがよい。その費用は何とかしてやろう」と言ってくれた。そこで、一八七〇年七月、梓は名を「東島興児」と改め、神戸から米国の郵船に乗って上海に渡航した。小野梓はこの変名に、アジア（というよりも日本）復興の意思をこめていたのではないか、と指摘されている。一八歳の時のことである。

小野梓が九月四日付で上海から小野義真に送った手紙が残っている。[6]八月一四日付の義真の手紙と紙幣二五ペンスが、八月二九日着のアメリカ船で届いたことへの返事である。義真は手紙で、清の盛衰や風俗などに注意するようにと書いてきたらしく、梓はこの注意に大いに得心し、とくに「洋学」を学ぶことが現在の急務だという義真の指示に対して、努力する旨を伝えている。そのうえで、この地（上海）では「洋語」を用いなければ事がすまないので、語学は努力しなくても自然に理解することができ、かつ近頃はあるイギリス人について英語を正してもらっていると書いている。上海は一八四二年、南京条約で欧米に対して開港して以来、列強の対中国活動の拠点となっていた。

梓は上海で、西洋列強によって抑圧されている中国の実態を目の当たりにした。この手紙で、梓は「大政府之議」の原稿がほぼできたので、これを送ると義真に伝え、もし修正すべき点があれば、知らせてほしいと頼んでいる。そして、近日中に欧文に訳して各国の「哲士」を正すつもりだと書いている。

この「大政府之議」が、現在確認されている小野梓の最初の論文「救民論」に該当すると考えられる。そのなかで彼は、人間はすべて本来的な権利として「自主自由」をもっているが、実際には弱肉強食の現実によって侵害されているとし、世界レベルの「一大合衆政府」を樹立して、「万国公法」秩序の実現を具体的に保障し、「大議事院」を設置して、国際的な「善政」の推進をはかるべきだと主張している。弱肉強食、つまり西洋列強によって支配・従属を強いられる非西洋地域の民衆を救済する展望を、新しい国際秩序の構想に求めたのである。

「救民論」の執筆は、当時、上海で発行されていた中国語の新聞『上海新報』に九回にわたって連載された「論万国自治與自主之権」（二回目以降は「続論万国自治自主之権」）に触発されたものだったことが、吉井蒼生夫氏によって発見・確認されている。(7)

小野梓は漢文で「救民論」を執筆したのち、フランス文と英文に翻訳して欧文新聞に投稿し、対外的にアピールしようとしたが、実現しなかったという（その後、アメリカに留学した際、シカゴとニューヨークの新聞に掲載されたという―後述）。

梓は上海から中国内部をあちこち巡って、一一月初め頃、再び上海に帰り、公用で上海に来た小野義真と相談して、いったん日本に戻ってから欧米に留学することとした。義真とともに日本に帰った梓は、しばらくは大阪に留まっていた。

3　私費でアメリカ留学

アメリカ出発時期の謎

一八七一（明治四）年春、梓は小野義真と一緒に東京に出て、洋行の用意に取りかかった。横浜の修文館で英語を学び、同館の寄宿舎でパーレー『万国史』の訳出に励んだという。

こうして洋行の準備を整えていたところ、しばらくして幸運がおとずれた。アメリカ行きが実現したのである。「自伝志料」には、「日ならずして用意も整ひたれば先づ米国を志し彼地に留学することと定め、其年の二月米国郵船に打乗りて桑港《サンフランシスコ》に赴きたり」とある。「自伝志料」によれば、上海に渡航したのは「午」つまり明治三（一八七〇）年の「七月頃」で、日本に帰ったのは「其年十一月の初め頃」、東京に出たのは「翌年の春」である。そして、洋行の用意に取り掛かり、横浜で英語を学んで、間もなく用意も整ったので、「其年の二月」、米国郵船に乗ってサンフランシスコに赴いた、ことになっている。東京に出た「翌年」と米国に出発した「其年」が同じ年だとすればともに「明治四年」ということになるが、横浜で英語を学び始めたのが同年「春」なのに、同年「二月」にはアメリカに出発したというのは、「日ならずして用意」が整ったとはいっても、あまりに不自然である。

ところが、もっと不思議なのは、小野自身が作成した履歴書では、米国留学の開始時期が「明治三年二月」となっていていることである。[8] 小野が一八七六年七月に提出した履歴書には、「明治三年二月自費を以て米国に游び、法学をドクトル　ヂョンソン氏に受く。爾来米洲に留学する三歳に近し。」と記されている。一八七八年三月に提出した「履歴書」でも、「同三年弐月自費を以て米国に留学し、制法並に経済科を講ず。」となっている。一八八一年のものと考えられる「履歴」でも、「明治三年二月自費を以て米国に留学し、法律・経済の学を受く。爾後米国に留学すること殆んど三歳。」となっている。いずれもアメリカ留学に出発したのは、「明治三年二月」、つまり一八七〇年二月としており、三年弱、アメリカにいたことになる。

小野がアメリカ船に乗ってサンフランシスコに赴いたのはいつなのか。アメリカに向かった「其年」とは、何年のことか。

一九八二年三月、『小野梓全集』全五巻が完結し、その際、同時に刊行した別冊に収録した「年譜」では、小野梓のアメリカ留学を一八七一（明治四）年の事柄とし、「二月頃、横浜から出帆して渡米、サンフランシスコからニューヨークに至り、ブルックリンに到着、同地でジョンソン博士に師事し、法律を学び始める」と記した。典拠文献としたのは、『全集』第五巻収録の「自伝志料」と「履歴書」である。ただし、履歴書は「明治三年」であるはずの中国行を「明治二年」と記すなど、重要な錯誤があることから（中国行については、明治三年九月四日に中国から出したと推定される前述の書簡がある）、アメリカ行についても、年を取り違えたものと判断して、「明治四年二月」であろうと推定した。この推定には、小野の伝記である永田新之允『小野梓』[9]の記述からも、西村眞次『小野梓伝』[10]からも、アメリカへの出発が「明治四年二月」と読み取れることが、大きくあずかっていた。

洋行事情の発見と通説の訂正

こうして、『全集』の「年譜」では、小野梓のアメリカ留学への出発時期を「一八七一（明治四）年二月頃」であると〝確定〟し、これが以後、小野に関する研究や言及の拠りどころとなってきた。中村尚美『小野梓』[11]、早稲田大学編『図録　小野梓』[12]、勝田政治『小野梓と自由民権』[13]など、いずれも小野の渡米を一八七一（明治四年）年二月頃、としている。

ところが、二〇一〇年二月、荒船俊太郎氏（早稲田大学大学史資料センター非常勤嘱託）が、『早稲田学報』に「資料紹介　小野梓留学関係資料」を発表するに及んで、[14]この〝定説〟はくつがえされた。これは、二〇〇八年当時、大学史資料センター助手の職にあった荒船氏が、小野梓の曽孫小野一雄氏からの情報と資料提供にもとづいて調査した結果をまとめたものである。また、あわせて永田が『小野梓』のなかで、留学資金を援助し、小野を伴って渡米したとしていた「大関某」が誰なのかも判明した。

結論を述べれば、「大関某」とは、下野国（現栃木県）の旧黒羽藩主大関増勤《ますとし》のことであり、アメリカへの出発は、明治四年ではなく、明治五年の二月一八日（陽暦三月二六日）であることが明確化したのである。これによって、「年譜」の一八七一（明治四）年に関する〝謎〟、すなわち、「年初」上京して「渡米準備のため横浜の修文館で英語を学び、同館寄宿舎でパーレーの『万国史』の訳出に励む」という記載と、「二月頃、横浜から出帆」という記載とが、時期的に余りにも近接していて不自然だという疑問は解消された。すなわち、上京してから出帆するまでのほぼ一年間が、英語学習等、留学の準備にあてられたことになるからである。

大関家が残した資料群は、「大関家文書」として栃木県大田原市の黒羽芭蕉の館に所蔵されており、このなかに小野の渡航にかかわる記録のある「御願届留録」が含まれているという。以下、荒船氏による「資料紹介」によりつつ、確定された事実を述べておこう。

大関が明治五年二月、高知県出張所に対して申請した文言には、つぎのようにある。

私儀此度米国留学之儀願出御聞済ニ相成候処、御県貫属平民小野梓と申者多年洋行之儀相志居候趣ニ付、学資諸雑費等一切私引受同伴仕筈ニ候間、渡海之儀不差支様仕度奉願候也

洋行の希望を抱いている小野梓というものがいるので、学資・諸雑費など一切を自分が負担して随行させたい、というのである。大関増勤は嘉永五（一八五二）年の生まれであるから、小野と同年ということになる。こうして大関は自らの側近の瀬谷小次郎と小野とを伴って、アメリカ留学に旅立つこととなった。荒船氏の資料紹介に掲載された写真によれば、二月二〇日付で文部省に届け出た文書の控えには、つぎのようにある。

宇都宮県貫属士族
瀬谷小次郎
高知県貫属平民
小野　梓

亜米利加合衆国留学一ヶ年学資一人千ドル見込、横浜よりニウヨウク迄諸雑費一人三百七拾八ドル見込、前二人相集諸雑費共ニ私引受同道仕度此段御達申上候以上

すなわち、大関が負担した小野の留学費用は、一年間分の学費一〇〇〇ドルと、ニューヨークまでの旅費三七八ドル余であった。

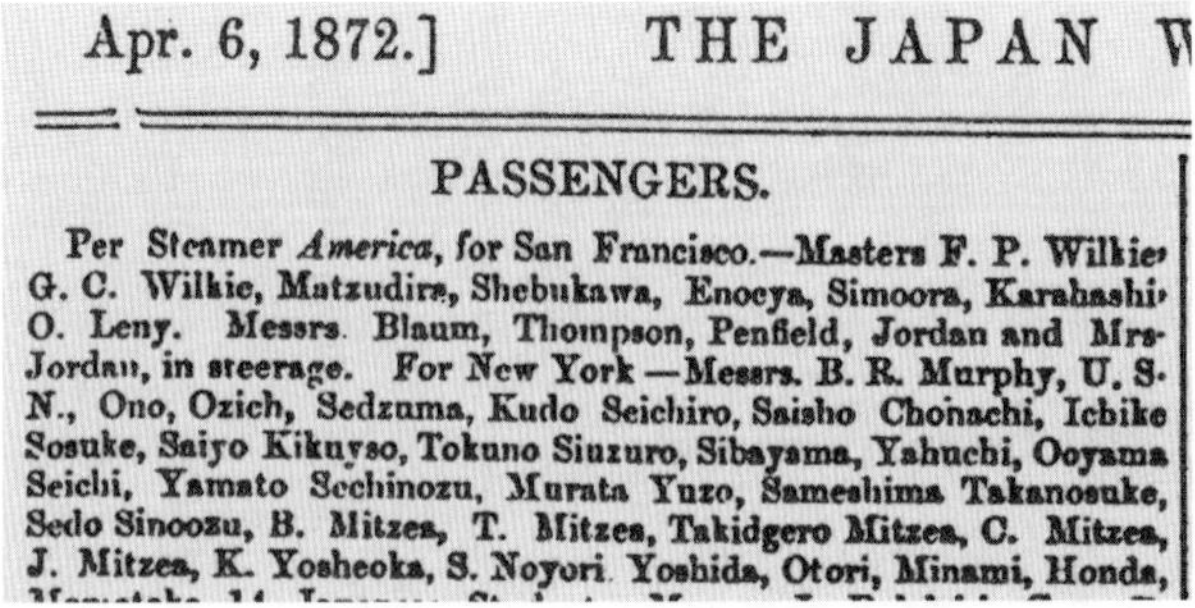
Apr. 6, 1872.]　THE JAPAN W

PASSENGERS.

Per Steamer *America*, for San Francisco.—Masters F. P. Wilkie, G. C. Wilkie, Matzudira, Shebukawa, Enocya, Simoora, Karahashi, O. Leny. Messrs. Blaum, Thompson, Penfield, Jordan and Mrs. Jordan, in steerage. For New York —Messrs. B. R. Murphy, U. S. N., Ono, Ozich, Sedzuma, Kudo Seichiro, Saisho Chonachi, Icbike Sosuke, Saiyo Kikuyso, Tokuno Siuzuro, Sibayama, Yahuchi, Ooyama Seichi, Yamato Sechinozu, Murata Yuzo, Sameshima Takanosuke, Sedo Sinoozu, B. Mitzea, T. Mitzea, Takidgero Mitzea, C. Mitzea, J. Mitzea, K. Yosheoka, S. Noyori. Yoshida, Otori, Minami, Honda,

7　「アメリカ号」の乗船記録（『THE JAPAN WEEKLY MAIL』1872年４月６日、早稲田大学図書館蔵）

大関・小野らを乗せた飛脚船「アメリカ号」は、明治五年二月一八日（陽暦三月二六日）正午、横浜を出港した。一八七二年三月三〇日付の“The Japan Weekly Mail”（横浜で発行されていた英字新聞）も、蒸気船 America は三月二六日に出帆したとしており、四月六日付の同紙で「Ono」（小野）・「Ozich」（大関）らの乗船を確認することができる。なお、インターネット上のブログ［小野一雄のルーツ］で小野一雄氏が紹介している外務省外交史料館所蔵の旅券台帳「本官勘合帳　外国官一号」によれば、「華族　従五位大関増勤」、「宇都宮県士族　瀬谷小次郎」（二五歳）、「高知県貫属平民　小野梓」（二〇歳）には、いずれも「二月十四日」付で旅券が発給されている。

　この船には、アメリカで外債募集事業を担当する大蔵少輔吉田清成の一行も乗船していた。その公式記録である「在欧吉田少輔往復書類」には、「元黒羽県知事　大関増勤」「同随従瀬谷小次郎」「小野梓」として、小野の名も記されている。[15] 同船した日本人は、「吉田大蔵少輔」「大鳥（圭介）大蔵少丞」以下、大関・小野らを含めて総勢四七人であった。小野は吉田ら同行者四六人と二四日間の船旅をともにしたから、同行者とは互いに相知る間柄になったに違いない。

渡米当初の留学生活

三月一一日（陽暦四月一八日）、小野らの乗った船はサンフランシスコに到着した。その後、小野はおそらく大関・瀬谷とともに、大陸横断鉄道でニューヨークに向かったのであろう。

さまざまな文献や研究では、小野がニューヨークにしばらくいた後、ブルックリンに居を定めて、私費留学生としての生活を始めたことになっている。しかし、最近、塩崎智氏によって、大関・瀬谷らとともに、小野もマサチューセッツ州イーストハンプトンにあるウィリストン・セミナリー（Williston Seminary）という私立アカデミーで学んでいたことが明らかにされた。[16] 塩崎氏によれば、コネチカット州ハートフォードの新聞デイリー・クゥラントは、一八七二年六月五日付で、「Five Japanese」、つまり五人の日本人が最近学校に入学したとして、その名、「Ono」「Ouseki」「Seya」（他は「Karahashi」〈唐橋〉と「Kodama」〈児玉〉）を報じているという。また、オハイオ州の新聞シンシナティ・デイリー・タイムズは、七月一二日付でこの五人の優秀さを賞賛しているという。さらに塩崎氏は、コネチカット州ノーウィッチの新聞オーロラなどが、九月二一日付で報じた記事を紹介している。それは、ウィリストン・セミナリーの日本人留学生四人（小野・大関・瀬谷ら）の下宿生活に関する記事である。彼らが別々の部屋を希望したにもかかわらず、相部屋の一人が病気でもない限り、二人で一部屋だと言い渡された。これに対し、「Ono」が手紙を書いて、「Seya」が病気になり、「Ouseke」と同じベッドで寝るわけにいかないので、別のベッドを用意してほしいと頼んだという記事である。

これらの記事から、少なくとも一八七二年六月から九月の時期、小野がマサチューセッツ州イーストハンプトンに居住し、大関らとともにウィリストン・セミナリーで学んでいたことは間違いない。しかし、やがて大関は病気になり、一二月一九日、瀬谷とともにニューヨークを発って帰国したことが荒船氏によって明らかにされている。(17) こうしたことを踏まえ、塩崎氏は小野がスポンサーを失ったため、ニューヨーク市の隣のブルックリンに単身移動したと推定している。そうだとすれば、小野がブルックリンに移動したのは、早くてもアメリカ到着から五ヵ月後、大関らがアメリカを去ってからとすれば、八ヵ月後ということになる。

ブルックリンでの留学生活

ブルックリンはマンハッタン島南東のロング・アイランド島の西端にあり、現在はニューヨークの区となっている。一八九八年までは独立した市であり、造船・製造業などが盛んな工業地帯であった。当時、日本人の留学生は、勉学や生活の便宜をはかるため集団で渡航し、特定の大学やセカンダリー・スクール（大学入学前の教育機関、中等学校）の周辺に集まって住むのが常だったという[18]。ブルックリンには、Brooklyn Polytechnic Institute（BPI）という八学年制の私立男子校があり、多くの日本人留学生が在学していた。その人数は、一八七〇年九月〜七一年六月、六人、七一年九月〜七二年六月、一五人、七二年九月〜七三年六月、二二人、となっている。したがって、小野梓がブルックリンにいた頃、二〇人前後の日本人留学生がこの学校に通っていたことになる。そのなかには、ブラウンが横浜の修文館で英語を教えていた教え子たちがおり、ブラウンの教え子だった小野もブルックリンに居住した。その下宿はＢＰＩから徒歩で五分ほどの所にあったと指摘されている[19]。

小野はアメリカでの勉学の様子を、つぎのように「自伝志料」で回想している。

自費で留学したため、他の官費の書生のように時間を無駄に過ごすことができないので、学校に入らず、下宿に先生に来てもらい、日夜、勉強した。また、法律の学び方として、アメリカの実際的な法律・規則を学んでも、すぐに日本に有用だとも思えないので、法の原理をこそ学ぼうと心がけ、これとあわせてアメリカの憲法と行政法を取り調べることにした。当時、ある人から自分の勉強の方法は不規則だと批判されたことがあったが、考えを変えることなく学んだ。

小野はこうした自分の学び方を振り返って、帰国後のことを考えてみれば、かえってこのように勉強したことが、自分には有益なことが多かったと「自伝志料」で書いている。
ただし、小野梓のアメリカでの勉学と生活のさまを具体的に知る手がかりは、この「自伝志料」の記述以外に残っていない。「履歴」から、「法学」を「博士ヂヨンソン氏」から学んだらしいことがわかるだけである。アメリカ滞在中、小野は前述の「救民論」を英訳した「How We Ought to be Governed?」をシカゴとニューヨークの新聞に掲載したらしいが、その実際は現在のところ不明である。

伊賀陽太郎らとの留学生交流

近年、伊賀陽太郎関係資料の分析を通じて、小野を含む留学生間の交流の様子が浮かび上がってきている[20]。

小野がアメリカに渡る四、五ヵ月前、宿毛の領主伊賀氏理《うじさと》の子、伊賀陽太郎も海外に出て、イギリスに渡っていた（一八八一年まで在英）。二人は戊辰戦争に参加した機勢隊の〝戦友〟でもある（前述）。伊賀はロンドンでハム師の下宿生となり、英語・フランス語を学び、ユニヴァーシティ・カレッジの講義に出席していた[21]。伊賀の英文ノート（1872.11.25〜12.24）が残っており、そこには小野梓宛の書簡の下書きが記されているという。これは、一八七二年一一月二八日に小野がアメリカから送った手紙に対する伊賀の返事で、一二月一一日に投函したと考えられる。内容は、"How we are governed"（英国議会の組織・議事手続き等を詳述している）をイギリスで購入し、一一月一二日に送付したことを伝え、また、アメリカ留学中の岩崎弥之助と小野の交流を喜び、アメリカの寒さと小野の健康を心配したものである。

岩崎弥之助は後に三菱を創業する岩崎弥太郎の弟で、小野より一歳年長であった。同じ土佐出身で、小野よりやや後の一八七二年四月一九日、アメリカ留学のため横浜を出帆して、ニューヨークに赴いていた。[22]

伊賀はさらに一二月一三日にも小野に宛てて手紙を書いたらしく、その内容は、自分と小野との頻繁な連絡を喜び、アメリカから書籍を送ってくれるように依頼したものである。また、留学生取締りの状況にも言及している。

こうして、留学生同士、大西洋を越え、ニューヨークとロンドンで、互いに連絡を取りながら、書籍の交換や情報の交換をしあっていたのである。また、伊賀が岩崎と小野の交流にふれているように、アメリカのなかでも、留学生同士の交流・連携があったと考えられる。

アメリカから出した二通の手紙

前述のように大関が帰国したため、学資を絶たれた小野は経済的な窮迫に追い込まれたものと推察される。しかし、その実際は判然としない。

一八七三年三月二〇日、小野梓はアメリカから小野義真に手紙を送った。[23] 大関がアメリカを去って四ヵ月後のものである。そのなかで、自分の「身上之処分」について、相変わらず様々にご配慮いただき、肝に銘じ心に刻んで感謝していると、義真に対する感謝の言葉を述べている。そして、幸いに岡本が引き受けてくれたので、意のごとく留学することができると伝え、詳しいことは岡本が申し上げると言っているので、特には書かないとことわっている。

二週間後の四月四日、小野梓は帰国する大蔵省租税寮七等出仕の由良守応に小野義真宛の手紙を託している。[24] 由良は、前年、小野らと同じアメリカ号に乗船してアメリカに来ていた。この手紙のなかで、小野は、岡本の周旋により多分、大蔵省の留学生に加わる見込みなので、安心してほしいと書いている。ただし、正月からの資金として二五〇ドルを西洋人から借用し、近々返済する約束をしておいたところ、西洋人は厚かましいので、先日、急に払ってくれと言ってきた。まことに意外で、岡本もすでに出帆した後であり、アメリカ在留の友人では二百有余の金はまかないきれず、何とも困ってしまった。二五〇ドルのために恥をさらすのも不本意なので、やむを得ず由良に「米紙幣」二五〇ドルを為替してもらい、急場をしのぐことができた。そこで、突然のお願いでさぞご迷惑とは思うが、由良に返しておいてもらえないか、と義真に頼み込んでいる。

二通の手紙に出てくる岡本とは、大蔵大丞岡本健三郎（小野と同じ土佐出身）のことで、大蔵省官費留学生への採用を岡本が請け負ってくれたということらしい。大関の帰国によって学資を絶たれた小野の窮状を救い、留学の継続を可能とするため、岡本が尽力してくれたと考えられる。岡本は一八七二年一一月に墺国博覧会御用掛に任じられ、間もなくアメリカに渡ってこの年三月までアメリカに滞在していたから、小野のために尽力してくれたのであろう。岡本はその後ヨーロッパに向かい、この年一一月に帰国する。なお、岡本はいわゆる征韓論をめぐる政変とかかわって辞職し、一八七四年一月、板垣退助らとともに民撰議院設立建白書を政府に提出して、民権派として活動していくことになる。

ところで、四月四日付の手紙で小野は、「米洲」も特に変わったことはないが、ただ殺人の記事が新聞に毎日二つ三つあり、風俗が悪いことがわかると書いている。先日は父を傷つけた「賊子」があり、政府は一五ドルの賞金を出した。アメリカの法律は役に立たず、他は推論してほしいというのである。また、「欧洲」も平常であり、「伊国の共和は近々敗るべし。墺之博覧会は盛なるべし」と書いている。「伊国」とはスペイン（イスパニア）のことで、この年二月に共和政が樹立されていた。他方、オーストリアでは五月一日から、ウィーン万国博覧会が開催されることになっていた（一〇月末まで）。

この手紙の末尾で、小野は来月から「新城へ移宿」する予定ですが、手紙を送る際はやはり「日本館」宛で結構ですと書いている。ただし、急用の場合は、つぎの宛先に送ってほしいとしている。

A Ono 96. State Street Brooklyn L. I. U. S.A

ブルックリン在住中の小野の住所であろう。ただし、その後、実際に「新城」に「移宿」したのかどうかはわからない。また、「新城」はニューキャッスルのことであろうが、アメリカにもニューキャッスルは各所（ペンシルベニア州・ニューヨーク州・デラウェア州など）にあるので、いずれに該当するのか判然としない。しかし、いずれにしても一八七三年四月、小野梓がアメリカにいたことは明らかである。

4　官費でイギリス留学

大蔵省官費留学生になった経緯

ところが、小野梓は「自伝志料」に、「明治五年の某月、大蔵省より官費留学生と為し銀行の事及び其他理財の事を取調ぶる為め英国龍動《ロンドン》に赴くべき命を受けたり」と書いている。また、永田新之允『小野梓』でも、つぎのようになっている。(25)

明治五年の某月に至り吉田某氏の勧誘に依り大蔵省の官費留学生として英京倫敦《ロンドン》に赴き銀行の事及び理財の事を取調ぶるの命を受け君も之れに応じたれば、今や此大陸に訣別して再び大洋を横ぎらさるを得さるに至りぬ。

大蔵省の官費留学生となってイギリスに赴くように命じられたのを「明治五年の某月」としているが、いつイギリスに移ったのかは書かれていない。これに対し、小野自身が書いた四点の履歴は、いずれも「明治六年二月、大蔵省の命を以て官費留学生と為り、英国龍動府に居る」となっていて、「明治六年二月」は命をうけた時期を指すようであるが、やはりロンドンに移動した時期はよくわからない。小野が官費留学生となったのは、「自伝志料」と永田『小野梓』の「明治五年の某月」なのか、四点の履歴書に記された「明治六年二月」なのか。そして、ロンドンに移動したのは、いつなのか。

ここで永田『小野梓』が「吉田某氏の勧誘」によって官費留学生に採用されたと記していることに注目したい。この「吉田某氏」は、小野と同船してアメリカに渡った経緯、ならびに大蔵省留学生に対する関与の仕方（この点は「在欧吉田少輔往復書類」から明らかである）からみて、吉田清成に違いない。

小野に関する記載を「在欧吉田少輔往復書類」で確認することはできないが、吉田がかなり細々と大蔵省の留学生の配置や学費などに関して意見を述べ、対策を講じていたことがこの書類から判明する。(26) それによれば、明治五年一一月、吉田が大蔵省に対し留学生関係について照会し、これに対して明治六年二月、井上から委細はアメリカ経由でイギリスに行く予定の岡本（前出の岡本健三郎である）と相談して処理するようにとの回答が送られた。岡本は一月二四日に日本からアメリカに向けて出発し、アメリカ滞在を経て、四月一日、イギリスに到着している。

とすれば、大蔵省の留学生関係の処理を委ねられた岡本が、アメリカで小野に会い、官費留学生への採用とイギリスへの移動を内諾し、ロンドンに赴いて吉田とも相談、その後、大蔵省に対して正式の手続きをとり、やがてそれが翌年一月の公式処理に至ったという推定が成り立つ。また、吉田の文書に小野に関する記載はないが、小野と会った岡本が、一一月時点の吉田の照会と、明治六年二月の井上（大蔵省）の判断を踏まえ、小野に経緯を話したとすれば、官費留学生への採用は、「明治五年某月」に「吉田某氏の勧誘」があり、「明治六年二月」に採用されたという解釈が成り立つ。

このような小野梓の留学継続に関する吉田の関与を裏付けるものとして、最近、東京都公文書館所蔵の資料により、小野が留学中、欧州において大蔵少輔の吉田清成から借金していたらしいことが判明した。[27] その額は、英金二〇〇ポンド、米金一七〇ドル、米金二〇〇ドルとなっている。

イギリスに移動したのはいつか

大関の帰国によって学資を絶たれた小野の窮状を救い、留学の継続を可能とするため、以上のように岡本が尽力したものと推察される。こうして、小野は大蔵省の官費留学生としてロンドンに赴くことになった。これについて「自伝志料」で小野は、この頃、胃病を患い、医者から転地をすすめられていたので、ちょうどよかったと喜んだと書いている。

前述のようにアメリカ発の一八七三年四月四日付の手紙があることから、小野がイギリスに移動したのがそれ以後であることは明らかである。他方、同年八月二二日にイギリスから出した小野義真宛の手紙が残っているから[28]、小野がロンドンに移動したのは、その間の時期である。こうしたことから、『小野梓全集』の「年譜」では、「四月四日」の項で当該の小野義真宛の書簡に関する記載につづけて、「その後、大蔵省官費留学生への任命が内定し、英国において銀行・理財の勉学を命ぜられ、ロンドンに移る」と記していた。イギリスに移ったのは、少なくとも四月四日以降、八月二二日以前でなければならないが、確定すべき手がかりがなかったからである。なお、年譜で大蔵省官費留学生への任命を「内定」と表記したのは、明治七年一月一七日付で、大蔵省造幣課英国留学生長松修蔵が病弱のため、明治六年四月を期してこれに帰国を命じ、かねて私費で留学中の小野梓をこれにかえる旨の上申が、大蔵卿大隈重信名で提出されているからである。長松と小野を入れ替えるという手続きが取られたとすれば、それは四月ということになる。

では、小野梓はいつアメリカからイギリスに渡ったのか。小野の渡英については、近年、井上琢智氏が、「各国在留公使へ示達文」（明治六年三月）の「米国私費留学生姓名」には小野の名があるが、同年月の「英国官資留学生姓名」および「英国私費留学生姓名」には小野の名がないこと、さらに「海外留学生改正処分之儀ニ付伺」（明治六年七月三日）の「米国私費留学生姓名」にも小野の名がないことから、渡英時期は七月三日以降、八月二二日以前ではないかと推定している。(29)

イギリスでの小野梓

ニューヨークに別れを告げた小野梓は、十日間の船旅で大西洋を渡りリバプール港に着き、すぐにロンドンに向かった。「自伝志料」によれば、途中の海は難船しそうなばかりの大荒れで、「苦痛」の船旅だったという。

前述の八月二二日付の手紙で小野梓は小野義真に、つつがなく在英しているので安心してほしい、「欧洲」も別に変ったことはない、と書いている。ただし、フランスは今年の暮れを待たずに帝国に復するようであり、これはフランスの内乱のもとだけでなく、「欧洲」各地の動乱につながるかもしれない、スペインも内乱がつづいていると書いている。また、日本の状況について、聞くところによれば、日本もやや「争擾」の様子らしく、ひそかに心配しているとしている。「井上等免職の模様」はどうかと尋ねているのは、大蔵大輔井上馨と大蔵省三等出仕渋沢栄一が、政府の財政運営に反対して五月に辞職したことに該当する。手紙の冒頭に「岡本も不日帰朝の予定」と記しているのは、前述のような岡本健三郎の、帰国予定を伝えたものである。

ロンドンでの小野梓は、大蔵省官費留学生として昼間は銀行の組織や理財などを取り調べ、夜間は引き続き法律の原理に関して勉強することを課題としていた。また、ヨーロッパの政治運動の実際を観察し、知人に紹介してもらって、上流の人と接することにつとめていた。

イギリスには、すでに一八七〇年九月に渡英した同じ土佐出身の馬場辰猪がいた。馬場の自伝には、要旨、つぎのように記されている。(30)

ロンドンには日本の学生が百人ほどいたので、街へ出るたびに日本人の誰かと行き会わないことはなかった。しかし、彼らは互いにどこの国の者か知らなかったかのように通り過ぎてしまっていた。それは、彼らの脳裡にまだ封建時代の強い感情が大いにあるためだった。彼らはまだ様々な大名に支配されている様々な国の侍だったのだ。そこで、それらの狭量で「無智な学生等」を合同させて、一つの会を起そうと試みた。

こうして、馬場と小野梓は相談して、一八七三年九月、ロンドンで日本学生会を組織した。馬場・小野のほか、伊賀陽太郎・原六郎・菊池大麓・万里小路通房などがこれに参加した。

小野梓がイギリスについた頃、政権を担当していたのは、一八六二年一二月、総選挙で敗北したディズレーリ（保守党）にかわって組閣したグラッドストーン（自由党）であった。しかし、梓の滞在中、一八七四年一月に議会は解散され、総選挙の結果、保守党が勝利して、二月、第二次ディズレーリ内閣が成立した。このような国会解散・総選挙による政権交代という政治のリアルな現実が、二一歳の青年に議会政治・政党政治のあり方を深く印象づけていったに違いない。

留学を切り上げる

イギリス滞在中も小野梓は病気に悩まされた。持病のリューマチが次第に悪化し、療養を兼ねてフランス・オーストリアなど、ヨーロッパ大陸方面に一時は旅に出てみたものの、ロンドンに帰ると、またすぐに再発した。そこで、医者は帰国した方がよいと強く勧めた。こうして、病気のため小野梓はイギリスを去らなければならなくなった。しかも、日本も追々変化がありそうだとの情報があり、大蔵省の帰国命令もあった。こうして、留学を切り上げて帰国することに決めた。履歴には、「明治七年三月大蔵省帰朝を命ず。同月五月帰朝す」と記されている。(31)日本も追々変化がありそうだというのは、前年一〇月のいわゆる征韓論による西郷隆盛ら五参議の辞職や、この年一月の板垣退助らによる民撰議院設立建白書の提出など、日本国内が大きく変動していることが念頭にあるのであろう。

帰国を決心した小野梓は、もう一度、ヨーロッパ大陸に行ってみたいと思ったが、また、来る機会もあるだろうと考え、エジプトの旧跡を訪ねてみることにした。そこで、大陸旅行の経費を使って多くの経済書や法律書を買い入れて帰国することにした。幸いロンドンからエジプトに寄り、しばらく滞留したうえで、スエズ運河を通って横浜に向かう船があったので、これに乗って出発することに決めた。

「明治七年某月」、小野梓は「支那太平洋航行会社」の「バンケーバ」という汽船に乗って、ロンドンを出発した。船は大西洋・地中海を経由してエジプトのポートサイドに着いた。そこからアレクキンドリアを経てカイロに向かい、ピラミッドなどの古跡を見て古代エジプトに思いをはせた。そして、再びポートサイドに戻って同じ船に乗り、スエズ運河・紅海を通過し、インド・中国を経由して、帰国した。

一八七四年五月三〇日付の"The Japan Weekly Mail"によれば、イギリスの蒸気船Vancouverは、ロンドンから香港を経由して五月二五日、横浜港に到着したことになっており、その乗船者として「Mr. Ono」の名を確認することができる。[32]

一八六八年から一八七四年までの海外留学者は五七五人にのぼる。アメリカが二〇九人、イギリスが一六八人、ドイツが八二人、フランスが六〇人となっている。[33] 小野がアメリカとイギリスのどちらに入っているかはわからないが、小野はこの六〇〇人近い留学生のなかの一人であった。

しかし、すでに触れたように小野の勉強法には特徴があった。法の理論・原理に強い関心を寄せていること、学校には通わず、自学・自修につとめていること、である。留学中、小野梓はア

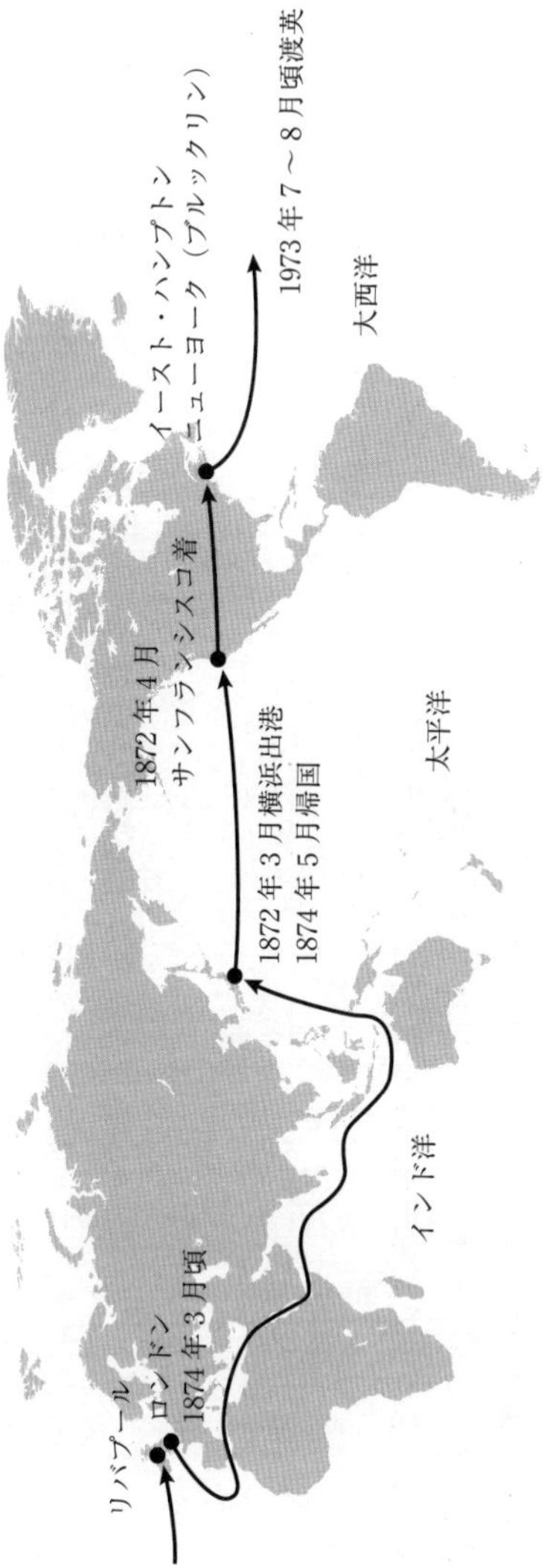
1973年7～8月頃渡英
イースト・ハンプトン
ニューヨーク（ブルックリン）
大西洋
1872年4月
サンフランシスコ着
1872年3月横浜出港
1874年5月帰国
太平洋
インド洋
リバプール
ロンドン
1874年3月頃

8　小野梓の留学経路

メリカでは専門の学校に入らず、自宅に先生（ジョンソン博士）を招いて勉強した。学んだのは法理であり、あわせてアメリカの憲法と行政法を調査した。イギリスでは、大蔵省の官費留学生であったから、昼間は銀行の組織と財政などを調査した。しかし、夜間は法律の原理の講習をうけ、日常的には上流の人びとと接することによってイギリスの政治運動の状況を観察した。

このような留学の成果は、帰国後、どのように発揮されていくのだろうか。

（1）横澤晴子『自由民権家　中島信行と岸田俊子』明石書店、二〇〇六年、二一五頁。

（2）鳥居民『横浜富貴楼　お倉』草思社、一九九七年、四二～四三頁。

（3）一八八二年五～六月執筆の「余が政治上の大主義」（早稲田大学大学史編集所編『小野梓全集』第三巻、早稲田大学、一九八〇年、一七四～一七六頁）、および一八八二年後半執筆の「勤王論」（同、二〇二～二〇三頁）。なお、一八八五年刊行の『国憲汎論』下巻の最終章でも、同様に記述している（『小野梓全集』第一巻、一九七八年、五七九～五八〇頁）。

（4）『小野梓全集』第一巻、五二七頁。

（5）鹿野政直「〝平民〟小野梓の思想」（『明治文学全集』第一二巻、筑摩書房、一九七三年）は、小野梓が藩の枠にこだわらず、武士身分を平然と捨て去りうる心情をもっていたのは、環境（武士身分でありながら商家として薬屋を営む家庭、遊学・洋行を勧める周囲の人々）から会得した自然の結論だったというべきだと述べている。〝平民小野梓〟誕生に、鹿野氏は小野の「平民的気風＝ブルジョア的雰囲気」をみている。

（6）『小野梓全集』第五巻、一九八二年、一九九頁。
（7）吉井蒼生夫編『小野梓――独立自主の精神』早稲田大学、二〇〇三年、一四一頁、参照。
（8）これらの履歴書は、いずれも『小野梓全集』第五巻に収録されている（三一八～三二四頁）。
（9）永田新之允『小野梓』冨山房、一八九七年（復刻、早稲田大学出版部、一九七二年）。
（10）西村眞次『小野梓伝』冨山房、一九三五年（復刻、大空社、一九九三年）。
（11）中村尚美『小野梓』早稲田大学出版部、一九八九年。
（12）早稲田大学編『図録　小野梓』早稲田大学、二〇〇二年。
（13）勝田政治『小野梓と自由民権』有志舎、二〇一〇年。
（14）荒船俊太郎「資料紹介　小野梓留学関係資料」（『早稲田学報』二〇一〇年二月、五〇～五三頁）。
（15）大内兵衛・土屋喬雄編『明治前期財政経済史料集成』第一〇巻、改造社、一九三五年、二六七頁。
（16）以下、塩崎智「1872年3月26日横浜発サンフランシスコ行き、アメリカ号日本人渡航者の調査―先行研究発表後四半世紀の関連研究成果のまとめ―」（『人文・自然・人間科学研究』四四、二〇二〇年一〇月）による。

(17) 前掲荒船論文。大関らは一八七三年四月二七日、横浜に帰着した。
(18) 以下、塩崎智「幕末維新在ブルックリン(NY州)日本人留学生関連資料集成及び考察(1)」(『拓殖大学語学研究』一一四、二〇〇七年三月)による。
(19) 同前塩崎論文。
(20) 井上琢智「伊賀陽太郎滞英時代の英文ノート」(『経済学論究』六三―四、二〇一〇年三月)、同「小野梓の修業時代」『早稲田大学史記要』第四一巻、二〇一〇年三月)。
(21) 以下は、同前による。
(22) 『岩崎弥之助伝』上巻、岩崎弥太郎岩崎弥之助伝記編纂会、一九七一年、五六頁。なお、岩崎弥之助は一八七三年一一月、父の急逝により留学を中断して帰国した。
(23) 『小野梓全集』第五巻、二〇〇頁。
(24) 『小野梓全集』第五巻、二〇〇〜二〇二頁。
(25) 前掲永田書、三六頁。
(26) 前掲『明治前期財政経済史料集成』第一〇巻、三四六〜三六一頁。
(27) 東京都公文書館所蔵「貸付金書類　第四拾壱号　コノ部一　第四課」(六二〇・C五・〇四)の「小野梓　欧州留学中拝借金の件　小野墨・小野りを」。この点については、追って別稿をもって紹介する予定である。

（28）『小野梓全集』第五巻、二〇二〜二〇三頁。
（29）前掲井上「小野梓の修業時代」による。
（30）「馬場辰猪自伝」（『馬場辰猪全集』第三巻、岩波書店、一九八八年、七三〜七四頁）。
（31）『小野梓全集』第五巻、三二〇頁。
（32）私はこの"The Japan Weekly Mail"の記事にもとづいて、「小野梓の米英留学―履歴事項の検証と確定―」（『早稲田大学史記要』第四六巻、二〇一五年二月）で、小野梓の横浜到着を「五月二五日」としたが、酒井佐立宛書簡からみて「自伝志料」の「五月二二日」が正しいと考えられるので、訂正しておきたい。
（33）石附実『近代日本の海外留学史』ミネルヴァ書房、一九七二年、一五四頁。

第二章　帰国後の実践

――新しい日本のために

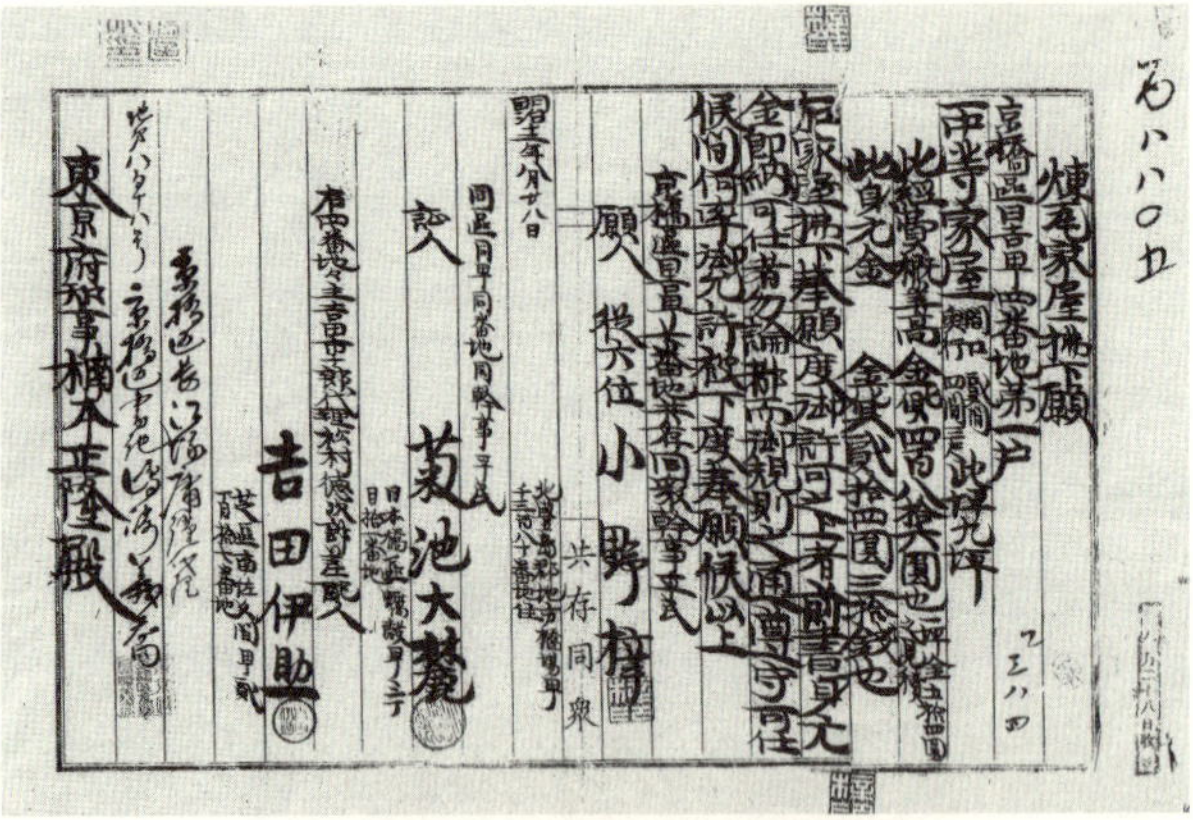

9　煉瓦家屋払下願（東京都公文書館蔵）

煉瓦家屋払下願

京橋区日吉町四番地第一戸

一中等家屋（間口弐間、奥行四間三尺）此坪九坪

此経費概算高金貨四百八拾六円也（一坪金五拾四円之見積）

此身元金　　金貨弐拾四円三拾銭也

右家屋払下奉願度、御許可之上者前書身元金即納可仕者勿論、都而御規則之通遵守可仕候間、何卒御允許被下度奉願候。以上

京橋区日吉町七番地共存同衆幹事平民

願人　従六位　小野梓　印

明治十二年八月廿八日　　北豊島郡地方橋場町千三百八十番地住

同区同町同番地同幹事平民

証人　　　　菊地大麓　印

日本橋区蛎殻町三丁目拾一番地

右四番地々主吉田市十郎代理松村徳次郎差配人

吉田伊助　印

芝区南佐久間町弐百拾七番地

京橋区長江塚庸謹代理
地第八百十八号　京橋区書記嶋渡義喬　印
東京府知事楠本正隆殿

一八七九（明治一二）年八月二八日、共存同衆幹事の小野梓が、京橋区長を通じて東京府知事に提出した「煉瓦家屋払下願」である。東京都公文書館所蔵の「一等二等　煉化家屋払下願　明治十二年一月ヨリ十二月マテ」（東京府庶務課）という簿冊に綴られている。京橋区日吉町四番地第一戸の「煉瓦家屋」の「共存同衆」に対する払下げを許可してほしいというのである。この第一戸とあわせて、同じ京橋区日吉町四番地の第二戸・第三戸・第四戸と、隣の京橋区日吉町五番地の第一戸・第二戸の、計六戸の「煉瓦家屋払下願」を、同じ日付で提出している。間口・奥行と坪に若干相違のあるものもあるが、いずれも申請者は小野梓、証人は菊地大麓で、二人とも共存同衆の幹事である。

　この六件の申請は、八月三〇日付で東京府の承認を得た。そこで、これに続いて九月二九日、小野梓はつぎのような願を東京府知事に宛てて提出した。

煉瓦家屋模様替之義ニ付願

京橋区日吉町四番地
一中等家屋第一戸第二戸第三戸第四戸
同区同町五番地
一中等家屋第一戸第二戸
右者拙者願人ニ相立御払下ヶ御許可相成候処、此度別紙絵図面之通外輪向模様替致度存候得者、御検閲之上何卒御許可被仰付度、図面並ニ説明書相添此段奉願候也。
京橋区日吉町七番地共存同衆幹事平民
明治十二年九月廿九日　従六位　小野梓　印
北豊島郡橋場町地方千三百八十番地
東京府知事楠本正隆殿
地第九百拾七号　京橋区長江塚庸謹　印
東京府知事楠本正隆殿

先に払下げの許可を得た六戸の煉瓦家屋を模様替えしたいとして、許可を求めたのである。この願書には、工事請負人の仕様書と、模様替えの図面が添えられている。仕様書によれば、玄関は二ヵ所（間口六尺）、屋根は千鳥破風造りの瓦葺《かわらぶき》、表通りの入口は四ヵ所、となっている。「破風」とは屋根の端の部分のことで、「千鳥破風」とは屋根の上に乗せた三角形の出窓のことである。

小野梓は一八七四年の帰国後、何をしていたのだろうか。彼が幹事をつとめている共存同衆とはどのような団体なのだろうか。そして、一八七九年八月、京橋区日吉町の家屋を買い取って模様替えし、何をしようとしているのだろうか。

1　共存同衆の創立

日本社会の変動

一八七四（明治七）年五月、小野梓はアメリカ・イギリスでの留学から帰国した。二二歳である。

写真10は帰国から間もない時期に撮影したものと考えられ、左手に持っているのは洋書であろう。六年前の戊辰戦争時の姿から一変し、「改進」の気がみなぎる青年の風貌となっている。約二年間、小野梓が日本を離れて、海外で大きく成長し、未来へ向けて変化を遂げていたその時、日本社会もまた、未来へ向けて大きく変動していた。彼が日本を発った一八七二年には、土地永代売買の禁が解かれ、学制が頒布され、新橋・横浜間に鉄道が開通し、太陰太陽暦から太陽

暦への切替えがはかられていた。翌一八七三年には徴兵令が定められ、郵便制度がスタートし、地租改正条例が布告された。日本社会の近代化をはかるべく、学制・徴兵制・地租改正という三大改革を中心として、矢継ぎ早な大改革が断行されていた。日本社会の大転換をはかる「文明開化」の時代が到来していた。

岩倉使節団が横浜を発ったのは、小野が出国する三ヵ月前のことである。一八七三年九月、岩倉具視一行は帰国したが、一〇月、征韓派参議の西郷隆盛・板垣退助・江藤新平らとの間で激論がおこり、西郷らが下野するという事態に立ち至っていた。「明治六年の政変」である。この政変を経て、大久保利通を中心とする政権が出現した。政府を去った板垣らは、一八七四年一月、政府に民撰議院設立建白書を提出して官僚の専制政治を批判し、国会の開設を要求した。こうして、以後約十五年間にわたって自由民権運動が展開されていくことになる。

板垣らは四月、高知で立志社を

10　米欧から帰国した直後の小野梓。1874年 5 月頃撮影。（「早稲田記事　故小野梓氏二十三回忌法要」『早稲田学報』第157号、1908年 3 月、早稲田大学歴史館蔵〈文化資源データベース〉）

結成し、これにつづいて各地で士族中心の結社が結成されていった。一方、一八七三年秋には、森有礼・福沢諭吉ら開明的な知識人たちが明六社を結成して、月二回の定例会を開き、一八七四年三月、『明六雑誌』を創刊した。一八七四年には、司法省のフランス法系の官吏が中心となって、演説・討論を練習するために法律講習会を開いていた。こうして、小野の帰国に先立って、日本では結社の時代が始まろうとしていた。同時に、それは言論活動が本格化していく時代の幕開けでもあった。小野の帰国当時、日本はこのような大きな変動のまっただなかにあった。

在野活動の開始

小野梓は「自伝志料」のなかで、帰国当時を思い出して、その頃、これまで帰国した海外留学生の成績が悪いため、留学生の評判がかんばしくなく、そのため政府でも民間でも、重んじられていなかったので、自分も売り込むようなことはしなかったと書いている。

では、留学から帰った青年小野梓は、一体、何を始めたのか。彼は、一方で、共存同衆の団結を準備し、他方で、「羅瑪律要」の著作に取りかかっていた。「共存同衆」の「団結」と、「羅瑪律要」の「著作」の二つが、帰国後、小野が、まず、取り組んだことであった。人と人との新しい関係を創り出すための社会活動と、近代法の基盤となったローマ法の研究に進んだのである。ローマ法研究については後述する。上から、権力の側からではなく、社会のなかで、人びととともに活動するスタンスと、表面的な応用ではなく、物事をその基本からとらえ返そうとする研究的な姿勢は、その後の小野の短い生涯を一貫している。「団結」と「著作」は小野の生き方を象徴するものであった。

宿毛とはいえ、小野は土佐出身である。時の政府は、薩長土肥の政府であり、薩長に比べて微弱だとはいえ、格段に強い人脈があったに違いない。父親代わりの恩人、小野義真は大蔵省土木頭だったが、この年一月辞職して岩崎弥太郎のもとで活動していた。岩村通俊は開拓大判官として北海道の開拓にあたり、佐賀県権令として同県の統治に手腕を発揮したが、この年一月、中央に戻って、小野の帰国時は工部省出仕であった。陸軍にいた中村重遠は、征韓論に反対して陸軍にとどまり、熊本鎮台参謀長心得となって、佐賀の乱で兵を率いて鎮圧にあたった。それぞれ、相応の人脈があったはずである。しかし、小野は政府に入る道を選ばなかった。また、政府を去った板垣ら土佐の人びとと行動をともにすることもなかった。小野は、日本社会の基礎から近代化をはかろうとする道に、まず、進んだのである。

小野は帰国から四ヵ月後の一八七四年九月二〇日、両国の中村楼に集まった六人の仲間とともに共存同衆を結成し、その幹事役となった。一八七八年九月に開催された共存同衆第一年会で、彼は結成以来四年間の共存同衆の歴史を振り返って、その間に遭遇した「事状」と「艱難」を数え上げてみれば、言葉では言い尽くせないと語っている。そのうえで、彼は七点にわたって共存

同衆の活動を総括したが、その最初に挙げたのが、つぎのような結成時の「失望」であった。(1)

数年間、海外にいて、日本の事情に疎かったにもかかわらず、西欧人並に、突然さまざまな知人に案内を出して、一八七四年九月二〇日に中村楼に集めようと試みた。この時、案内した人びとはおよそ五十余人であった。「自惚《うぬぼれ》」にもこの五十余人は来てくれるだろう、仮に全員が来なくても、半数は来るだろうと判断し、晩餐の用意をして来会を待っていた。ところが、この憶測とは裏腹に、案内を出した人の半数はおろか、四分の一にも満たず、わずか七人だけだった。五十余人が集まるとばかり思っていたので、七人だったことがあまりにも少なく思え、ひどく失望した。

このように、共存同衆は小野らの期待と予想を完全に裏切って、「失望」からスタートしたのである。しかし、小野は、この失望に屈することなく、いや、屈しないばかりか、この有様をみて、日本人が結社を重んじていないのだという現状を知って、ますます日本には結社が必要だとさとり、何としてもこの会を成立させねば、と決心した、と語っている。その結果、後述のように、次第に加入する人びとが増えていった。いずれにしても、共存同衆は七人のメンバーをもって、一八七四年九月、気持ちは壮大ではあるものの、実際には落胆と失望のなかで、ささやかな旗揚げをおこなったのである。

創立時の七人が誰なのかは、文献によって多少相違するが、小野梓、万里小路《までのこうじ》通房、岩崎小二郎、尾崎三良、大内青巒《せいらん》、広瀬進一、赤松連城であろうと推定されている。(2) 広瀬・大内以外の五人はみなイギリス留学の経験者で、岩崎・尾崎・広瀬は官吏、万里小路は華族、大内・赤松は仏教者（浄土真宗）である。

共存同衆の目的と活動

一二月一五日から一八日にかけて、共存同衆は『朝野新聞』に「共存同衆条例」を発表した。条例は、条例緒言・条例・臨席心得からなり、翌年一月創刊の『共存雑誌』第一号にも、付録として掲載された。(3) 緒言は、わが国の庶民は久しく抑圧の遺風に慣れ、今なお封建の弊害が残っていて、上下が隔絶し、彼此が抵触していて、人びとがばらばらだとした。そして、人民の交際を深め、人民が国を維持するような状況をつくるため、共存同衆をつくって、人びとの交際を深め、知識を広め、人間共存の道を追求するとして、同衆への参加を呼びかけた。

共存同衆結成の目的は、同衆メンバーの交際を親密にし、知識を広め、人間共存の道に関係することを議論して、人民の権利を明らかにし、人民の義務を励ましていくことにあった。知識人相互の学術的な研鑽をはかり、人民の啓蒙をはかっていくことが主眼だったといえる。活動の基本は、月二回、一〇日・二五日に開催する常会で、それは、講演・討論の場であるとともに、運営に関する議決の場でもあった。運営や会計などの諸務を担当する幹事二人は、三月・六月・九月・一二月の末会（二五日）で無記名投票で選挙することになっていた。

共存同衆は「頭」がない、平等な横の関係で結ばれた組織であった。指導者やリーダーがいて指示・命令を発する縦型の指令・命令組織ではなく、メンバーが自由に交流し、相互に刺激・啓発しあう組織であった。誰かをトップにまつりあげる組織ではないという点で、それまでの日本社会にはなかった新しい集団のあり方、新たなアソシエーションの創造が、欧米社会での生活体験をベースにして試みられようとしていた。

しかし、組織化にはリーダーシップをとる人間が不可欠であり、組織運営にはまとめ役・世話役が欠かせない。小野は幹事となって基礎づくりに奔走し、メンバーの会合を重ねるとともに、一八七五年二月（表紙の記載は一月）、機関誌『共存雑誌』を創刊した。創刊号は小野の論文「論通常之教養」を掲載し、前述のように「共存同衆条例」を付録とした。

掲載されている論文・論説は、常会で講演・演説されたものが基本だったと考えられ、都合一三号分のうち、最多論文掲載者は小野である。「権利之賊」「国民蓋思之」「天富之利用」「読詔余論」「読詔余論（第二節）」「読詔余論（第三節）」「民刑二法実理」「論通法之定置」「勧学之二急」の九点がそれで、教養・教育関係と法律関係が中心であった。小野がこれらの論文・論説で何を論じたかについては、教養と教育の構想に絞って、後述する。二位は大内青巒の三点、岩崎小二郎の三点であるから、いかに小野が多いか、つまり活動の中心であったかがわかる。

共存同衆の衆員数は、結成の翌年、一八七五年一月には二六人となり、五月には三二人、六月には三三人、一〇月には三二人、一八七六年二月には三一人となった。[4]「失望」が次第に克服されていったことがわかる。三一人中二一人、つまり七割近くがイギリスを中心とする欧米への留学経験者であることが、この組織の性格を物語っている。

一八七五年一〇月二五日の常会で小野が「集同館」の新築を提案し、これにもとづいて共存同衆は会館を建築することになった。[5]経費は衆員から徴収し、残金は一〇ヵ年賦で支払う計画となった。一一月一〇日の常会で、小野と岩崎小二郎が築館司事に選出され、建築の推進にあたることとなった。

11　『共存雑誌』創刊号
（早稲田大学図書館蔵）

一八七六年一月、新橋駅に近い日吉町七番地にあった二階建ての西洋館を手に入れ、改築・改装をすすめて、一八七七年二月一四日、待望の共存衆館が開館されるに至った。一階が事務所と図書室、二階が講堂であり、以後、京橋区日吉町七番地（現在の銀座八丁目あたり）のこの会館で、共存衆館は常会や公開講談会を開催していった。

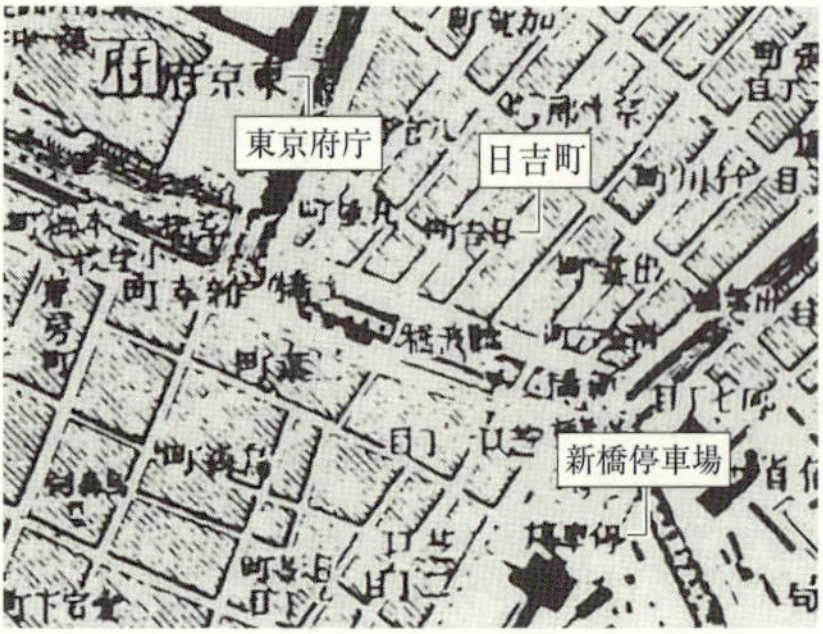

12　上：銀座一帯の地図、下：日吉町の周辺

（『東京近傍図（明治20年）陸地測量部作』古地図史料出版を加工）

図12の上は一八八〇年測量・一八八六年製版の地図から銀座一帯を抜き出したもので、左下に東京府庁があり、右下方面が新橋にあたる。日吉町はその中間に位置し、図12の下は日吉町周辺を拡大したものである。

「通常の教養」こそ急務

一八七五年一月、『共存雑誌』創刊号は、小野梓の「論通常之教養」（「通常の教養を論ず」）を掲載して、世に出た。この論文は、帰国からほぼ半年後に、仲間とともに結成した共存同衆を足場として、小野が日本社会に向けて発した最初のメッセージであり、活字となった小野の最初の論文であった。小野は教養の重要性と家庭教育の役割を、つぎのように論じている。

教養の盛衰は文化が衰えるか、盛んになるかに密接に関係しており、教養をどうするかは、国家政治の要である。教養には「専門」と「通常」の二種類があり、専門の学は法学・物理学など、それぞれ異なっているので、ここでは論じない。しかし、通常の学については、あれこれに関わらず、ゆるがせにしてはならない。父母がその子に対して尽くすべき事柄には、養い育てる「鞠育《きくいく》」、危険などからかばい守る「保護」、教えを授ける「授教」の三つがあるが、最も大切なのは「授教」である。父母が子どもに教えを授けなければ、子どもは無智のままに成長し、動物と同じになってしまう。人は生まれはみな同じで、能力に大きな差はない。智・不智の差があるのは、教養の善悪による。教養の大本は父母の手によるべきだが、不十分な場合が多いので、専門の教師が担当する。そこで、政府が学校をつくり、教育を行うのである。

小野はこのように主張して、教養の重要性を強調した。福沢諭吉は『学問のすゝめ』で、人は生まれつきは平等だと宣言し、貧富の差、貴賎の差は、その人が学ぶかどうかに関わっていると説明している。小野もまた、能力の差が生まれるのは後天的であるとして、学ぶことの意味を強調した。ただし、小野の場合、議論の中心は学ぶ側のあり方よりも、教える側、教養を授ける側のあり方にあった。また、公教育よりも、家庭教育を重視している点に特徴があるといえる。

では、当面している日本の政治の急務は何か。これに対して、小野はつぎのように答えている。外国とかかわる「海備」や「外交」が重要だというものがいるが、国家の基礎となる「会計」や「法律」の確立の方が急務だ。いや、それよりも急を要するのは、「教養」にある。国家の基礎は人だからである。

教養をもった人によって構成される国家・社会をつくることに小野の主眼はあった。国家財政を成り立たせる税金も、民法や刑法も、すべて民のあり方と密接に関係している。徴税も法律も、国内の「公論」に依拠しなければならない。そのためには、代議制を採用することが必要になる。しかし、すぐには導入できない。なぜなら、それを担うことができる民がほとんどいないからである。仮に選挙制度を整備したとしても、代議士が「不材無学」で議会政治の本分を尽くさず、その権力を弄んで勝手気ままなことを行い、公益を無視して私利を営むなら、この弊害は君主による専制政治よりもひどくなる。

小野はこう主張した。教養ある社会をつくることが最優先だというのである。しかし、「勧学」、つまり教育には困難がつきまとう。新しい教養を広げるうえで、言語が障害になっている。廃藩後、みな競って欧米の教養を取り入れようとして留学生を送り出したが、多くの学者はヨーロッパに憧れるあまり、日本の言語を廃止して、ヨーロッパの言語にかえることを主張している。しかし、これは間違いである。言語を変えるのは容易ではないし、人民の「大不利」である。一般庶民に対して、外国語で教養を伝えるのは無理であり、決して言語を変更してはならない。通常の学は日本の言語で書物にすべきである。

小野はこう主張した。後に東京専門学校をつくって教育事業に取り組む際、邦語教育を導入し、また、出版事業を起こして新しい書物を世に出すことを推進していく芽が、すでに萌していたといえる。教養ある人づくり、国家・社会を担う主体の創出が、短い生涯をかけて追求した小野の課題にほかならなかったのである。

「先進の著作」と「後進の自学」――「勧学の二急」

チリも積もれば山となる。日本の学問を大成させるためには、「先進の著作」と「後進の自学」を積み重ねていかなければならない。一八七六年五月、小野梓は『共存雑誌』第一二号に発表した「勧学の二急」でこう主張した。二年前の帰国当時を振り返ってつぎのように書いている。

帰国後、友人に日本の教育の様子を聞いてみたところ、みな、教育の盛んなことは古今無比で、小学は幾千、中学は幾百、生徒の数は幾万となっており、その盛況は言うまでもない、と答えた。しかし、実際によく観察してみると、教育が盛んな証拠を見つけ出すことができなかった。「粉壁の美」や「瓦礫」の多さ、つまり建物や施設だけで教育の盛大さを証明することはできない。現在の教育は、いたずらに姑息に流れて、一時しのぎのことをやっている。生徒はなお古人を妄信し、その奴隷となっている。これを克服するためには、「先進の著作」と「自学の気象」が不可欠である。

小野はこのように考えた。それは、学制によって開始された当時の教育の現状に対する痛烈な批判であり、学問と教育に対する小野の卓見を示すものであった。学問というものは、数千人、数十代にわたる考察の積み重ねによって大成されるものであり、その基礎は自学にある。自学とは「他学の力」によって推論をすすめて、自らの「心脳」を豊かにし、先人が明らかにし得なかったことを考察しようとすることである。しかし、東アジアには儒学の影響から「自学の気象」がない。また、現在、西洋の学問に従事している者は、西洋人の言論に酔い、その奴隷となってしまっている。「自学の精神」を引き出すためには、「他学の整頓」が必要である。現在の学者の様子を見てみると、その視野が非常に狭く、イギリスなり、フランスなり、ドイツなり、それぞれ自分が知っていることを、その言語・文字で教えるにすぎない。

小野はこうした現状を打開していくために、「先進」の「教員」がその学識をもって「著作」を著すこと、「後進」の「学生」が「自学」によって日本の「学問」の発展をはかっていくことの二つを、「勧学の二急」、つまり緊急の重要課題として提起した。それは、六年後、東京専門学校を開校して教育事業に取り組み、七年後、出版事業を起こして新しい書物を世に送り出していくことにつながっていく。

2　共存同衆の発展

条例の改定と組織の拡大

一八七七（明治一〇）年九月、共存同衆は共存同衆条例を大幅に改定した。[6]この改定によって、常会・臨時会とあわせて、前年五月にスタートした習演会が条例のなかに位置づけられた。また、新たに、毎年二月と八月に年会を開催して一年間の活動を総括し、会運営の方針を討論することとなった。

改正条例によって、共存同衆は従来の正員のほかに、准員・敬愛員・通信員から構成されることとなった。准員は習演会にのみ出席できる。敬愛員は博学・老練あるいは人望がある者（五名以内）を正員が選出し、幹事への被選挙権以外は正員と同様の権利をもつ（入衆金・会費は不要）。通信員とは遠隔地や海外にいる者であり、常会の投票で承認し、各種の会に出席した際は、会の事務に関する討議以外、正員と同様の権利をもつ（入衆金・会費は不要）。ただし、同衆の要請に応じて各種の通信をする義務がある。こうして、正式メンバー以外に参加者を広げて組織の発展をはかり、活動を活発化させようとしたのである。

正員にあたる衆員の数は、一八七六年二月の三一人から増えて、一八七八年一〇月には三九人となり、翌七九年四月には五六人となって、発足時、小野らが思い描いた人数に達することになった。しかも、構成員には質的な変化が生まれていた。一八七九年以後八一年にかけての衆員七五人のうち、三八人が官吏である（五〇・七％）[7]。当初のイギリス留学者中心の組織から、次第に官吏層の比重が増し、官吏主体の組織へと変貌を遂げていたのである。小野自身がこの時期には官吏となっていた（後述）。

共存同衆第一年会

共存同衆条例第四条にもとづき、一八七八年七月一七日の常会で、九月二九日に第一年会を開催することを決定した。[8] これをうけて幹事は八月、第一年会として、正午から東京大学の「演舌堂」（講堂）で一般の来聴者も対象とする講談会を開き、その後、午後六時からは衆員中心の談話会と晩餐を湯島聖堂の昌平館でもつことを決定した。同衆員以外の来聴のため、同衆員と同じ扱いをうけて講談・談話の両会に参加して晩餐の饗応を受けることができる甲号切符（紅色の用紙で七五銭）と、東京大学の講談会だけに参加できる乙号切符（白色の用紙で無料）を発行することにした。乙号切符の発行枚数は六〇〇枚である。写真13は宮武外骨の手元にあった乙号切符の一枚で、第五百六十番という番号が記され、左下に幹事小野梓の「梓」の署名がある。

13　共存同衆第一年会切符
（宮武外骨『明治演説史』1926年文武堂、早稲田大学図書館蔵）

九月二九日、東京大学の講堂で開催された講談会では、岩崎小二郎の開会の辞、広瀬進一の「第一年会序」の朗読につづいて、小野梓が「共存同衆の歴史」、馬場辰猪が「社会論」、大内青巒が「詞の品等」、菊池大麓が「双愛論」、肥塚龍が「法律之外患」、島地黙雷が「腕力論」、江木高遠が「雄弁論」という演題でそれぞれ演説した。六時からの談話と晩餐の会では、来賓の福沢諭吉・福地源一郎・呉文聡《くれあやとし》・中村正直・矢野文雄・田口卯吉らが演説した。翌日の幹事による報告では、講堂にはおよそ千人、昌平館にはおよそ二百人が来集し、来賓は数十人だったという。[9]

小野梓はこの第一年会で「共存同衆の歴史」と題する演説を行った。[10]そのなかで、同衆の目的はその名から分かるが、ただ「共存の道」というだけでは漠然としているとして、法制、教育、理財商業、衛生の分野に分け、この四つの事柄を講究する団体だと説明している。また、さまざまな人びとによって組織される団体だとして、平民・華族・士族といった身分、長州・会津・日向・美濃・尾張・肥前、中国・九州、北国・南海、東京・西京といった地域、商業・工業・農業といった職業、新聞社の社長、銀行の頭取、郵船会社の社長、教会の貫首、大学の学士、院省の官吏といった社会階層、漢学・工芸・フランス学・化学といった専門分野、欧州や米国への留学者など、実に種々の人びとによって成り立っていると述べている。だからこそ、「不偏不党」で共存の趣旨をまっとうできる、というのである。

さらに、同衆には「頭」がいないことが特徴だと述べている。世の中の団体にはたいていい頭取・酋長というものがいて、その団体の統一をはかるものだが、共存同衆には有形はもちろん、無形でも頭はいない。幹事という役目はあるが、これは時々の投票で選挙する書記であって、決議を施行する役目をもったいわば同衆の「小使」である。このように小野梓は、「同権自主」のメンバーからなる組織の特徴を強調した。

では、このように「自主」「平等」の構成員が互に対立することなく、親睦を深めることができるのはなぜか。それは、「無形の統御者」、すなわちこの条例があるからだ。小野梓は共存同衆条例を示しながら、こう言った。

広く開かれた組織であること、上下の従属関係やボス支配とは無縁な、構成員の自主性にもとづく近代的な組織であることを強調しているのである。

習演会と講談会の開催

一八七六年三月二五日の常会は、幹事を改選して小野と岩崎を選出するとともに、小野の発議で「演説講習会」を開設することを決定していた[11]。これにもとづいて、五月から「習演会」を開催し、初回に演説者・会頭（司会者）・書記の輪番をくじ引きで決めた[12]。それぞれに二〇名の担当順が記されており、各回四名が演説することになっている。この習演会で演説の仕方、討論の仕方を鍛えていこうというのである。

前述の一八七七年九月の共存同衆条例改定の際、「習演会則」が定められた。それによれば、習演会は毎月第二・第三水曜日、午後三時から四時間を目安に開催されることになっている。初回にくじ引きで演説の順番を決め、毎回四人ずつ順番に演説して、終わったら、また最初に戻ることになる。各回の演説者は会頭（司会者）の両側に二人ずつ座る。会頭・演説者以外の参加者は、「左」という字の籤と、何も書いてない白い籤をひいて、「左」籤は左側、白籤は右側に着席する。それぞれは座った側の説を主張しなければならない（自分の側の説に反論してはならない）。ただし、論旨の可否を決するときには、自分の意見に従ってよい。投票で論旨の可否を決し、多い方を可とする。こうして、いわばディベート方式で演説法を鍛えようというのである。

また、一八七八年六月頃から、毎月第二・第四水曜日に講談会が開かれることになったようである。[13]「講談会規則」によれば、講談会は正員・敬愛員・通信員が「講談者」、つまり弁士になってスピーチをする会で、一般に開かれた講演会であった。講談者と演題を新聞で公告し、正員・敬愛員・通信員以外は頒布された切符を持参して聴講することになっていた。習演会とは異なり討論は認めず、講演終了後、質問に限って認めていた。

こうして、衆員を中心とする閉じた運営を基本としていた共存同衆は、その活動を広く一般に開き、講演・演説活動を社会的に展開していくことになった。それは、自由民権運動の再構築がはかられ、次第に運動が高揚していく時代の流れに対応していたといえる。

一八七八年六月一二日、第一回の講談会が開催され、以後、月二回、公開で開催されていった。開催広告は新聞に掲載されたが、それによれば、一八七八年一〇回、七九年二〇回、八〇年一七回となっており、一八八〇年一一月に非公開となるまで計四七回が開催されている。公開講談会の最後は、一八八〇年一〇月二七日である。

第一回の弁士は馬場辰猪と小野梓であった。以後、この二人は、ほぼ毎回、演壇に立っている。これについで菊池大麓、大内青巒、島地黙雷らが常連となっており、その後、金子堅太郎も登場している。一八七八年一〇月二三日の菊池の演題は「議員選挙法」で、七九年三月一〇日から金子は五回にわたって英国の法律について論じている。

ところが、小野の名は、一八七九年五月一四日開催予定の講談会を最後として、開催広告から消えた。それまで毎回登場していた小野の名は、つぎの五月二八日開催予定の講談会広告にはない。以後も、馬場・島地・大内らの名はあるが、小野だけでなく、菊池・金子の名もない。それがなぜかは、後述する。

講堂・文庫の開設

演説会をはじめとする活動の活発化にともなって、既存の共存衆館が手狭になってきた。そこで、一八七九年七月一六日の常会で、「講堂・文庫造営の議」が小野・岩崎・馬場・金子ら二人から発議され、七月三〇日の臨時会で、講堂と文庫を増築することを決定した(14)。そして、幹事の小野・菊池大麓と、内藤類二郎・子安峻・大内青巒を建築司事、つまり担当の委員に選んだ。その具体化が、この章の最初で紹介した二点の新資料、一八七九年八月二八日付の「煉瓦家屋払

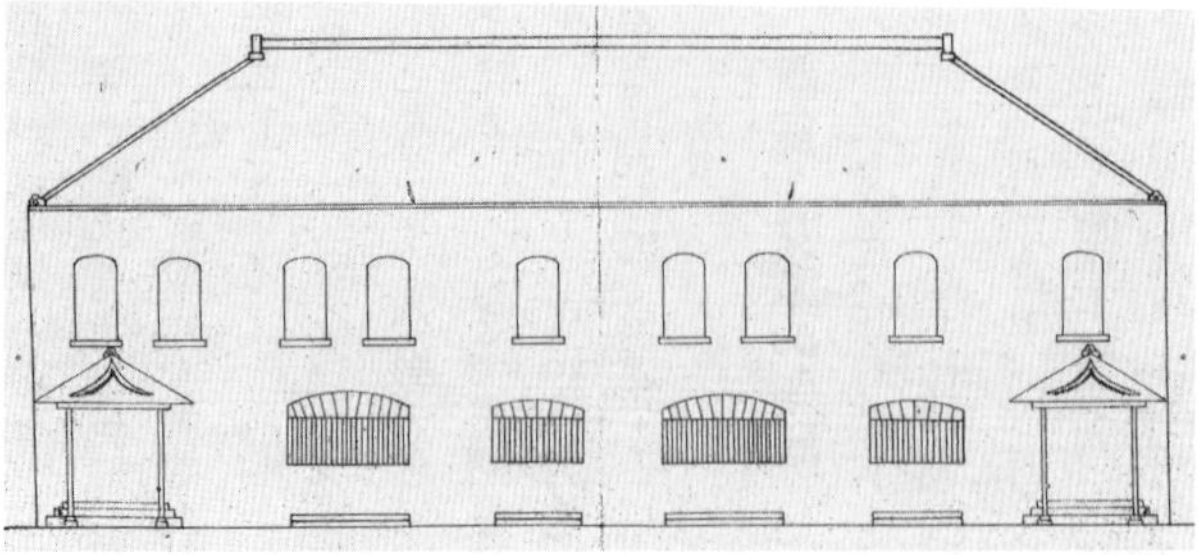

14　「煉瓦家屋模様替之義ニ付願」に付された図面（東京都公文書館蔵）

下願」と、九月二九日付の「煉瓦家屋模様替之義ニ付願」である。掲載の図14は、九月二九日付の「願」に付された図面である。添付された仕様書によれば、玄関を二ヵ所とし、表通りの四ヵ所の入口を改修して、鉄の棒を二ヵ所には二一本、他の二ヵ所に一六本を立てるなどのプランが提示されている。

「書籍館規則」「縦覧手続」などが検討され、寄付金の募集がすすめられた。岩崎弥太郎が二〇〇円、本願寺と岩崎弥之助がそれぞれ一〇〇円、小野梓・万里小路通房・松平正直ら同衆員が各五〇円寄付し、小野義真も五〇円寄付している。[15] さらに「原某氏」（銀行家の原六郎であろう）から三〇〇〇円を借り入れて、建築をすすめた。

共存衆館の北側に新築される建物には、講堂と文庫の二室があった。九月には、文庫の維持・運営にあたる「文庫員」を置くこととした。そして、共存文庫を一般に公開するため、開館直前の九月二六日、共存文庫の運営にかかわる「共存文庫定則」、閲覧に関する「書籍閲覧手続」、受入れに関する「書籍受託手続」を定めた。[16]「定則」第二則は、つぎのように定めている。

文庫設置の旨趣は普《あまね》く天下読書の人士を便益するに在れば、其何人たるを問はず随意に来りて之を閲覧するを允《ゆる》す。素より見料を収むる等の事なし。但監視人に於て酔客若くは狂躁の人と認むるときは、之を謝絶することある可し。

一〇月二六日、新築した講堂と共存文庫の開館式を兼ねて、共存同衆の第二年会が開催された。第二年会は九月二八日に開催されることになっていたが、コレラが流行していたため延期されたのである。まず、新築された共存同衆の講堂で講談会を開き、夕方六時からは、第十五国立銀行に会場を移して、談話会・晩餐会が催された。講談会の聴衆は千人余、夕方からの会の参加者は三～四〇〇人だったという。[17]

共存同衆第二年會並講堂開式

來る廿六日京橋日吉町共存同衆新築の講堂に於てし正午より開催す報告講談祝詞若くハ筆記の題目如左

○共存同衆第二年會報告、小野梓君（以上報道）○獨立心、馬場辰猪君○代言人の辨、山下雄太郎君○上下法律家の關係、増島六一郎君○社會將來の有樣、高橋一勝君○時說、島地默雷君○音樂論、大内青巒君○某院以一局爲足、肥塚龍君（以上講談）○大器晩成、菊池大麓君○祝同衆三故、金子堅太郎君（以上祝詞）○共存同衆第二年會之序、今井允猶君○唱歌學、田口卯吉君○擬上皇帝書、三好退藏君○創爲之才不可不養、小紡靖一君○神風論、溪口一識君○落新構講堂文庫序、廣瀬進一君○祝文一則、加藤九郎君（以上筆記）

但聽講切符ハ日吉町共存同衆館、銀座讀賣新聞、神田雉子町駸々堂、築地研堀報知社にて廿三四の両日無料を以て頒與すべし

日吉町　共存同衆幹事

15　「共存同衆第二年会並講堂開式」広告
（『読売新聞』1897年10月23日号、東京大学大学院法学政治学研究科附属 近代日本法政史料センター 明治新聞雑誌文庫蔵）

写真15は、一〇月二三日の『読売新聞』に掲載された第二年会・講堂開式の広告である。第一年会とは異なって、講談会の会場は新築の共存同衆講堂となっている。同時に、目をひくのは、会の構

成が演説中心だった第一年会とは相違して、「報道」「講談」「祝詞」「筆記」の四つに区分されている点であるが、その意味については後に考えることにする。

こうして共存文庫は講堂とあわせて開館をみるに至った。それは、「博く宇内新古の書籍・画図及新聞・雑誌等を蒐集保存し、以て衆庶の閲覧討究に便にす」る施設であり（「共存文庫定則」第一則）、民間図書館の先駆けであった。文明化のための新たな拠点が誕生したのである。小野は、「共存文庫開発の趣旨」（断片のみ残存）という文書で、文庫設置の意義を要旨でつぎのように説明している。(18)

人文の進歩をはかるためには、人智の開達を促すことが必要であり、これは読書の効果によることが非常に多い。文明の発達にとって、人智と学問と書籍は互いに相まって重要なものである。

小野にとって、「人智」と「学問」と「書籍」によって文明化をはかることが、重要な課題だったのである。それは、やがて学校の開設や書店の経営につながっていくことになる。

3　共存同衆の変化

官吏の講談禁止措置

小野梓は一八七九（明治一二）年五月一一日の日記につぎのように書いている。(19)

聞く、政府は官吏の講談するを禁ずと。是れ鼠輩《そはい》が予が世間に勢を得るを畏れこの姑息の処置を為す。蓋し是れ亡滅の基なる乎。吁々惜しむべし。予輩すら畏ろしくては最早もてかぬるべし。惟ふにこれは井上ギのこそくりなるべし。明朝出仕、明了にすべし。勢によつては辞官すべし。

五月一〇日、『郵便報知新聞』の雑報は、官員が職務と関係ない政談講学を目的として講義・演説等の席を開き、聴衆を集めるのは不都合なので取り締るようにと、太政官がそれぞれの長官に指示したと報じていた。

小野は、政府が官吏の講談を禁止するとの情報を得て、これは「井上ギ」の企みに違いない、明朝糾弾し、ことによっては辞任するのだ、と怒った。「井上ギ」とは井上毅のことで、当時、内閣と内務省の大書記官を兼任していた。翌日の小野の日記に、政府の措置に抗議したらしい記述はないが、あらためて「馬鹿にも程がある、吁々」と書き、憤慨をあらわにしている。

前述のように、共存同衆では一八七八年一〇月の衆員三九人のうち二一人が官吏であった。政府はこうした官吏層の動向に対して歯止めをかけたのである。

一八七九年五月一三日付の『朝野新聞』には、つぎのような案内広告が掲載されていた。

五月十四日講談会（切符は無料にて前日渡す）

羅瑪律（続）馬場辰猪君〇釈門律法管見、青江秀君〇論英国海上律（続）金子堅太郎君〇論理入門（続）菊地大麓君〇非三大政権、小野梓君

日吉町　共存同衆幹事

しかし、官吏の演説禁止措置によって、小野は五月一四日に予定していた「非三大政権」の講演を中止せざるを得なかった。金子も菊池も官吏なので、演説は中止となったはずである。この日、小野は日記に「官吏の講談を禁止する愚法に束縛せられ、非三大政権を講ずるを得ず」と書いた。そして、辞職の意を強くしたが、友人たちに「暫くまて」と慰留されていた。官吏小野の辞任問題については後述する。

前述のように、一〇月に開催された第二年会は「報道」「講談」「祝詞」「筆記」の四つから構成されていて、小野は冒頭の「報道」枠で「共存同衆第二年会報告」を行っただけである。「講談」で演説しているのは馬場辰猪・山下雄太郎・増島六一郎・高橋一勝・島地黙雷・大内青巒・肥塚龍の七人で、現職官吏の菊池大麓と金子堅太郎は「祝詞」の枠で演壇に立っている。そして、「筆記」については、七人（金井允釐・田口卯吉・三好退蔵・小池靖一・渓口一蔵・広瀬進一・

加藤九郎）の氏名と題名が記されているが、これは当日の演説ではなく、別途『共存同衆第二年会筆記』に収録・発行された。当日、「講談」で演説しているのは、代言人（弁護士にあたる）・仏教者・記者といった民間人であり、在官の小野・金子・菊池が別枠となって区別されていることがわかる。おそらく、政府側の禁止措置に対応したものであろう。

その後、小野の名は一八八〇年二月七日の講談会の広告に登場するが、内容は、共存同衆として取り組んだ「寄欧米公衆促条約改正書」（後述）の大意に関する報告である。三月一〇日の講談会広告では、小野が死去した衆員渓口一蔵の遺徳を追賞するためにその行状を報告することになっている。四月一四日の講談会では、共存同衆第二年会について小野が報告する予定となっている。六月二三日と七月一四日の講談会での小野の担当は、故井上良一の小伝に関する報告である。以上が一八八七九年五月二八日の講談会広告以後のすべてであって、小野は幹事としての事務的な報告しかしていないことがわかる。小野独自の講談・演説は一切行われていないのである。

こうして、共存同衆に所属していた官吏たちの口は封じられた。

自由民権運動と共存同衆

一八七九年、自由民権運動が高揚の気配をみせるなか、東京という都市（首都）の民権的潮流も強くなり、政治的な演説会・講演会がしきりに開催されるようになっていった。また、共存同衆自体も、かつての学術啓蒙団体としてのあり方に収まり切れない方向へ傾斜しつつあった。政治化の波は、不偏不党をかかげる共存同衆の周りにも及び、その影響は多かれ少なかれ同衆のあり方にも影響を及ぼしていた。

一八七九年五月二一日、共存同衆は常会で日本がおかれている状況を筆記して条約を締結している各国に送り、条約改正を促すことを決定した[20]。すぐに条約の改正は実現できないとしても、欧米諸国の世論を喚起して、条約改正への機運をつくる一助にしようとしたのである。この日、小野を含む一五人の「邦情筆記委員会」が設置された。七月四日、邦情筆記委員会は諸国に送るべき草案を決定した。会頭（議長）は小野である。草案は英訳され、また、仏訳はフランス人に委託したという。こうして翻訳された文書は、欧米各国の政治家・実業家・学者・新聞記者などに送付された。

送付された文書「寄欧米公衆促条約改正書」は、『共存雑誌』第五八号（一八八〇年二月一八日発行）に掲載された[21]。それは、現行の条約が「無知」で未熟だった日本に対して、「老練」の成人である欧米諸国が押し付けた「不正理・不公平・不満足」なものだとして、その不当性を強く批判し、改正を求めるものであった。条約の改正にあたっては、税権の回復と法権の回復がとくに必要であるが、前者をこそ優先すべきだと主張していた。

また、共存同衆そのものではないが、憲法問題・国会問題について、共存同衆のメンバーがこの時期、積極的に発言している。小野梓は、一八七八年六月一二日の講談会以後、三回にわたって「国憲論綱」を演題として憲法論を演説し、一八七九年三月から八〇年四月にかけて、『共存雑誌』に「国憲論綱」を連載している。そして、こうした小野の議論は、社会に相応のインパクトを与えていたと考えられる。

共存同衆はもともと学術交流結社としてスタートしつつ、人権擁護という観点から政治にも相応に関与はしてきたが、自由民権運動のメイン・テーマである国会開設を課題としてきたわけではない。しかし、次第に自由民権運動が高揚し、また、憲法問題が政治の焦点となるなかで、共存同衆のなかに、これに呼応したり応答しようとする動きが出てきたとしても不思議はない。いち早く憲法研究に着手した小野は、その代表格だといえる。もともと小野の法に対する関心は、私法・民法の領域にあった。しかし、政府が立憲制導入の基本方向を打ち出し、憲法起草の手立てを講じ始めるに及んで、俄然、国家構想・憲法構想への関心を強めていったと考えられる。その発端が、一八七五年五月、六月、九月に『共存雑誌』に連載した「読詔余論」であり、七六年五月には、やがて『国憲汎論』に結実する国憲論の執筆に着手していたのである（小野の憲法論については後述）。

啓蒙結社・学術結社は、政府と民間の間にあって、自由民権運動が高まり、政府と運動の対抗関係が明確になっていくなか、その政治性が問われるようになる。明六社はいちはやく一八七五年にサロン化への道を歩み、法律講習会は一八七七年に嚶鳴《おうめい》社に改組・改称して、次第に民権運動をリードするようになっていった。これに対して、共存同衆は一八七九年頃、その組織・活動はピークを迎えたが、組織として民権運動を担う方向には進まなかった。衆員それぞれが活動の力点をほかに移すなかで、組織自体は存続しつつも、サロン化していったと考えられる。

（1）「共存同衆の歴史」（早稲田大学大学史編集所編『小野梓全集』第五巻、早稲田大学、一九八二年、四四頁）。
（2）澤大洋『共存同衆の生成』青山社、一九九五年、四八頁。
（3）「共存同衆条例」（『小野梓全集』第五巻、一〇〜一六頁）。
（4）勝田政治「共存同衆と小野梓」（早稲田大学大学史編集所編『小野梓の研究』早稲田大学出版部、一九八六年）。
（5）以下、〔集同館新築決議公告〕〔築館司事公撰公告〕〔築館司事報告につき公告〕（『小野梓全集』第五巻、一七〜二〇頁）。
（6）「改正共存同衆条例」（『小野梓全集』第五巻、二八〜三七頁）。

（7）前掲勝田論文。
（8）「共存同衆第一年会手続」（『小野梓全集』第五巻、四〇頁）。以下、第一年会については、『共存同衆年会始末』共存同衆、一八七八年、および澤大洋『共存同衆の進展と影響』東海大学出版会、一九九五年、二二一～二二八頁、を参照。
（9）〔第一年会開催結果公告〕（『小野梓全集』第五巻、四二頁）。
（10）「共存同衆の歴史」（『小野梓全集』第五巻、四三～四七頁）。
（11）大内青巒宛の小野書簡（『小野梓全集』第五巻、二一二～二一四頁）による。
（12）〔演説者・会頭・書記輪番決定公告〕（『小野梓全集』第五巻、二三～二四頁）。
（13）「講談会則」（『小野梓全集』第五巻、三八～三九頁）。
（14）〔共存同衆記録　二〕（『小野梓全集』第五巻、六〇頁、六二～六三頁）。
（15）〔書籍館設立覚書〕（『小野梓全集』第五巻、七二～七三頁）。
（16）「共存文庫定則」（『小野梓全集』第五巻、七六～七九頁）。
（17）第二年会については、前掲澤大洋『共存同衆の進展と影響』、五七～六二頁、を参照。
（18）『小野梓全集』第五巻、七四頁。
（19）『小野梓全集』第五巻、三四〇頁。
（20）『小野梓全集』第五巻（三四一～三四三頁）の小野梓の日記を参照。

（21）早稲田大学大学史編集所編『小野梓全集』第三巻、早稲田大学、一九八〇年、九九～一〇六頁。

第三章　少壮官僚として

――〝上〟からの近代化めざして

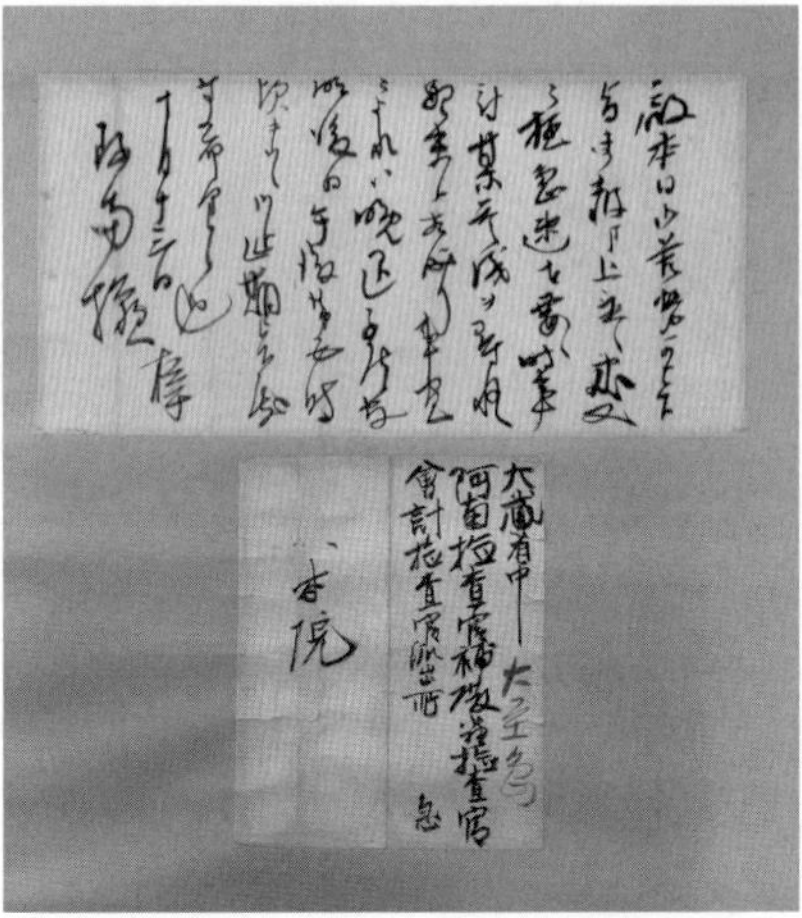

16　阿南尚宛書簡「来訪日時延期のお願い」
（早稲田大学歴史館 Web サイト「小野梓に関係する所蔵資料」
https://www.waseda.jp/culture/archives/other/2024/09/10/5492/）

啓　本日御苦労可被下旨御報申上置候
処、又々極急速を要候時事ニ付某参議ヲ
尋ね候始末ト相成り、事宜ニよれハ晩迄
不在候故明後日午後第五時頃まて御延期
被下度、奉希望候也。
　十月十三日　　梓
阿南様

二〇二〇年二月、早稲田大学文学学術院教授の丹尾安典氏（現名誉教授）から大学史資料センター（現歴史館）に寄贈していただいた小野梓の手紙である。現代文に直すと、おおよそつぎのようになる。

啓　本日ご足労をお願いする旨をお知らせしておきましたところ、またまた極く急を要する時事について某参議をお尋ねすることになってしまいましたので、ことによると晩まで不在になるかもしれません。明後日午後五時頃まで延期していただけないでしょうか。

十月十三日　　　　梓

阿南《あなみ》様

丹尾氏によれば、かなり以前、神田の古書店から購入したものだという。封筒ではなく、紙に包まれていた手紙で、表には「大蔵省中　大至急　阿南検査官補殿　小野検査官　会計検査官派出所　急」、裏には「本院」と記されている。「大至急」は朱字である。

「十月十三日」付のこの手紙は、「本院」（会計検査院）にいる「小野検査官」が、「大蔵省」の「会計検査官派出所」にいる「阿南検査官補」に宛てたもので、墨書で「急」と記したうえに、さらに朱筆で「大至急」と記していることから、極めて急を要する手紙だったことがわかる。

手紙の内容をあらためで確認すると、「本日」（十月十三日）、「御苦労」をかけること（来訪のことか）になっていたが、「極急速を要」する「時事」について、「某参議」を尋ねることになり、ことによれば晩まで不在となるかもしれないので、明後日の午後五時頃まで延期してほしい、というものである。

小野が会計検査院の検査官であったのは、後述のように、一八八〇（明治一三）年四月から一八八一年一〇月までであるから、「十月十三日」のこの書簡は、一八八〇年か一八八一年のものということになる。

内容から判断して、「極急速を要」する「時事」について、「某参議」を尋ねることになった「十月十三日」とは、一八八一年一〇月一三日に相違ない。小野の「留客斎日記」一八八一年一〇月一三日の条には、参朝して大隈参議免職のことを知り、辞職の意を決して、帰途、大隈邸を訪問し、談話した旨が記されている。[1] すなわち、この日、出勤した小野は、前日の政変（後述）で参議大隈重信が免職となったことを知り、自らも辞意をかためて、帰途、大隈を訪ねて相談したのである。この手紙の「某参議」とは大隈のことであり、この日会うことになっていた「阿南検査官補」に、退庁前、「大至急」手紙を送って、「明後日」午後五時までの延期を依頼したものと考えられる。したがって、この手紙は、予定変更に関する単なる事務連絡ではなく、「明治十四年の政変」直後の緊迫した事態を伝える極めて重要な書簡だと言える。

「阿南」とは阿南尚のことで、「明治十四年十月」の『改正官員録』（彦根正三編、博公書院）には、「検査官補」「十二等相当」のところにその名が記載されている。この年六月一六日以降、小野の日記には「阿南来訪」という記事が目立つようになる。そして、この手紙の翌日、一〇月一四日に小野は阿南・小川為次郎（親しい友人）・小野義真（義兄）と、「時事」および小野自身の進退のことについて話している。一六日・一七日・二一日には阿南が来訪しており、阿南が小野と親密な関係にあったことがわかる。その後、阿南は立憲改進党の結党（後述）とともに党員となり、同党の書記の任につくことになる(2)。

では、米英留学からの帰国後、共存同衆の活動に全力を注いでいた小野が、なぜ官吏となったのか、官吏としてどのような活動をしていたのか、そして、大隈重信といかに出会い、親密の度を深めていったのかを探っていってみよう。

1　中央政府の官吏となる

ローマ法の研究

帰国後、小野梓は幹事として共存同衆の活動に奔走するとともに、「羅瑪《ローマ》律要」の「著作」に取り組んでいた。これについて小野は、「自伝志料」でつぎのように説明している(3)。

人々は法律を説く際、もっぱらフランスなどの法律にもとづいて条文の文字を調べるだけで、法の原理を討究するものが少ない。そこで、ローマ法にかこつけて自分の民法上の所論を示そうと考えたのだ。

このように小野は、法律の条文を真似するのではなく、法の理念を学び、法というものを根本からとらえようとしたのである。当時、司法省では、フランス人を雇い入れるなどして、フランス法にもとづく立法作業をすすめていた。このようなあり方に批判を向けたのである。小野の法に対する関心は、国家・行政の運営にかかわる憲法などの公法ではなく、まず、社会の成り立ちにかかわる私法（民法）に向けられていた。日本社会の近代化こそが、まず、必要だと考えたからに違いない。

「自伝志料」は、この「羅瑪律要」によって「政府要路の人」に姓名を知る人もできて、一八七六（明治九）年三、四月頃、法制局に出仕しないかと誘われたことがあったという。しかし、まだ著作が終わらないからと、小野はこれを断った。その後、三ヵ月ほどして、今度は司法省から就職の話があり、民法の編成に従事するようにとのことであった。「顕要某君」も、小野義真を通じて就職するように勧めた。そこで、ついに意を決して、就職することを承諾したというのである。

こうして、小野は帰国から二年三ヵ月ほどたった一八七六年八月一五日、司法少丞に任じられ、官吏としての道を歩きはじめた。すでにみたように、共存同衆幹事として共存同衆の活動の中心にいたから、在野と在朝の、いわば二足の草鞋《わらじ》をはくことになったのである。

小野は「羅瑪律要」のことを「著作」と表現しているが、これは、純粋な意味での著作ではない。司法省に提出された「羅瑪律要」の完成原稿の冒頭には、「大日本明治九年一月十日」付の「纂訳之大意」が掲げられている。(4) それによれば、小野がこの「著作」に取り組んだのは、つぎのような経緯からであった。

一八七五年暮れ、英国のローマ法学者「イ＝クイン」博士から「羅瑪律例」と題する本を贈られた。これは、オランダのライデン大学の「ジェイイ　ゴードスミッ」博士の原著を、英国の法学士「アール　ヅ　ツレシー　ゴールド」が英訳したもので、一八七三年にロンドンで刊行された本であった。「イ＝クイン」博士からの手紙には、この本は簡約ではあるが、よくローマ法の全体像を描いており、一読すれば大いにその道理がわかるに違いないと書いてあった。また、「ゴードスミッ」も訳書の緒言で、この本が簡にしてローマ法の大体を尽くしていると称賛していた。ただちにこの本を開いて、半月間、熟読玩味してみたところ、二人が称賛する通りであり、これまで抱いていた疑問が少なからず氷解した。そこで、これを全訳して世に問おうと思ったが、叙述の中心がヨーロッパ人とローマ法の関係に関する歴史なので、日本人には役立たないと考えて、その部分は割愛することにした。さらに、「訳す」と言わないで「纂」という字を加えたのは、膨大なローマ法の全体からすれば簡単にすぎるところがあるため、他から訳出して補ったからである。

このように、「ゴードスミツ」の著書を訳しただけではないため、原著の「羅瑪律例」ではなく、「羅瑪律要」という題名にしたというのである。小野は、ハウトスミト（J. E. Goudsmit）の著書Pandektensysteem（一八六六年刊）の、トレーシー・ゴールド（R. de Tracy Gould）による英訳本The Pandects: A Treatise on the Roman Law, and upon its Connection with Modern Legislation（一八七三年刊）から、彼が日本にとって必要と判断した箇所を、適宜、翻訳ないし要約したうえで、さらに自らの「附注」をつけて、自説を主張したり、英米留学中に大きな影響を受けたジェレミー・ベンサムの思想を付したりした。したがって、翻訳でもなく、著作でもなく、それはまさに小野の主体的な判断と見解を表明した研究成果としての「纂訳」であった。

「羅瑪律要」は、「権理の大意」「権理の細義幷分類」「権理の主位即ち人類」「権理の賓即ち物類」「権理の起根幷に絶亡」の五つの章から構成されている。「権理」はrightの訳語であり、小野がいかに個人の権利の確立を重視していたかがわかる。

法制官僚としての活動

こうして、小野梓は欧米の法の単なる模倣ではなく、その基本を学ばなければならないと考えて、ローマ法の研究に従事し、「羅瑪律要」を纂訳して司法省に提出した。そして、これが政府の認めるところとなって、一八七六年八月、司法少丞に任じられ、民法課副長に就任した。小野梓二四歳の時である。以後、既述のような共存同衆の活動をつづけつつ、司法省や太政官の書記官としてその職務に従事していくことになった。

では、小野の「著作」に注目した「要路の人」とは誰なのか。また、実際に小野義真を通じて就職を勧めた「顕要某君」は誰か。いずれも不明である。しかし、少なくとも最初は法制局への勧誘、つぎは司法省への誘いである。ともに立法・法律にかかわる人事であるから、立法・司法関係の人物とみるのが自然であろう。

こうして始まった小野梓の在官時代は、一八七六年八月、司法少丞に任じられてから、一八八一年一〇月、会計検査院の一等検査官を免じられるまでの、約五年間である。在官期の小野について、鹿野政直氏は、「かれは、共存同衆を組織して啓蒙思想家として活躍しはじめるとともに、官吏として勤務しはじめる。そのことは、かれが、政策決定を通じて、自分の理念の実現が可能と信じていたことを示している」と指摘している。(5)この期の小野の活動は、「みずからのいだく文明社会の理念の制度化」をめざす官吏としてのそれと、「その理念の人心のうちにおける定着」をはかろうとする啓蒙思想家としてのそれの、二本立ての活動だったといえる。

一八七六年八月一五日、司法少丞に任じられ、同日、民法課副長となり、民法編纂委員を兼ねたが、委員は十数日で辞任した（理由は不明）。

在任五ヵ月後の一八七七年一月一一日、官制改革によって各省の大小丞は廃止された。そこで一三日、司法省少書記官に任じられ、即日、民法課副長の地位についた。また、二月一日、太政官少書記官を兼任することとなり、法制局専務を命じられた。

辞意を抱きながら

在任一年後の一八七八年二月、司法省照査課詰に転じた[6]。同月二六日、司法卿からの上申により、いったんは小野梓の判事転任が決定されたが、司法卿の上申書の欄外には、「小野梓ハ判事拝命セズ、四月廿六日元老院少書記官ニ転ス、故ニ此伺面小野梓之分取消之事」と注記されていて、実際には転任していない。この事実は、「翌十一年の年初、照査課詰に転し、再び辞職の事を申したり」という「自伝志料」の記述、すなわち、辞職問題と関連があったものと考えられる。ともかくも、判事に転任しないまま、四月一七日、元老院少書記官への転任が決定され、二九日、第二課翻訳課の部署についた。

一八七八年一二月六日、元老院在勤八ヵ月でふたたび太政官少書記官に転じ、法制局専務となった。その事情について、小野は一八八二年に書いたと思われる〔自伝〕〔断片〕で、前元老院副議長河野敏鎌《とがま》が法制局副長官となった際、小野を法制官にしたいと申請し、その結果、転任することになったと書いている。(7)河野は元老院が設置された一八七五年四月以来、元老院議官として同院の幹事をつとめており、一八七八年六月には副議長となった。そして、一八八〇年二月、文部卿に転ずるまでその任にあった。したがって、小野が元老院少書記官だった一八七八年四月から一二月までの時期、河野は元老院の副議長であり、その間、七八年三月から七九年二月まで、法制局副長官を兼務している。したがって、河野の推薦によって小野は太政官少書記官となり、河野のもと、法制局で働くことになったと考えられる。

一八七九年一月から七月一八日までは、小野の日記がある。(8)日記によれば、この期間に小野は河野と一一回会っており、時事や、元老院での教育令の審議などに関して話し合っている。また、五月、前述のように、政府による官吏の講談禁止措置に対して辞職の意を表明した際も、河野を訪問して「進退の事」を相談し、「少《しば》らくまて」と慰留されている。

一八七九年五月以降、翌年一月にかけて、小野は「電信条例第十七条删除案」、「拷訊ニ関スル法令删除案」、「虎列剌《コレラ》病伝染予防規則」、「諸罰則ヲ犯シ罰金科料ニ処セラル、者処分方ノ件」、「讒謗律第一条中改正案」の五つの議案につき、内閣委員として元老院の審議に列席している。(9)これについて、小野は〔自伝〕〔断片〕で、つぎのように書いている。(10)

君の法制官と為るや、頻々内閣委員と為り元老院の会議に列し、雄弁快論四座を驚かし、その拷訊廃止案を論じたるときの如きは最も雄抜の快弁を振はれたりと。

なお、一八七九年一二月には、第三回地方官会議の御用掛に任命され、その準備と事務を兼務している。河野はこの地方官会議の議長であった。会議は一八八〇年二月一〇日から二六日にわたって開催され、終了後、小野は会議筆記の刊行にも従事している。

このように、一八七六年八月以後の小野梓の官吏としての勤務先は、司法省・太政官（法制局）・元老院であり、この三機関の間を、不満を抱きながら〝右往左往〟させられていたかの感がある。そして、上記のようなことを勘案すると、この時期、小野をサポートしていたのは、河野敏鎌だったのではないかと考えられる。

河野敏鎌は小野と同じ土佐の出身（高知藩士）であり、小野より八歳ほど年長である。小野がアメリカ・イギリスに留学中だった一八七二年六月から七三年九月、司法少丞だった河野は司法制度調査団の中心となってヨーロッパに出張している。帰国後、河野は司法大丞・大検事などをつとめた後、元老院議官（幹事・副議長）、法制局副長官などを歴任している。他方、第二章で言及した法律講習会（司法省の官吏が中心となって一八七四年に結成した結社）に参加し、これを一八七七年に改組・改称した嚶鳴社（代表的な民権結社）のメンバーでもある。小野に近い位置にあった人物ということができる。

2　会計検査院の検査官となる

会計検査院への転任事情

大蔵省官費留学生となってイギリスで学んだとはいえ、留学中の小野の主要な関心は法学にあった。帰国後も大蔵省の官吏となることはなく、在野活動を展開し、官吏となった後も、法制官僚としての道を歩んでいた。しかし、やがて転機が訪れた。

一八八〇（明治一三）年三月三日、太政官官制の改革によって法制局は廃止され、小野は法制局の専務を解かれた。小野は鬱勃として辞職の意をかためていたようである。そこで、大隈・河野らが小野を説得し、その際、彼の会計検査官への転任を約束したものと考えられる。(11)会計検査院が新設されたのは三月五日で、すでに一〇日、五人の検査官が任命されていた。これに対して、四月一三日に会計検査官を任命されたのは小野だけである。小野の三等検査官への転任は、三月二七日に内閣で決定された。

小野の［自伝］［断片］は、つぎのように書いている。(12)

明治十三年二月内閣分離の時に及で、君は平生民間の有志者と交際あると謂ふを以て朝議頗《すこぶ》る君を疑ひ、君も亦決然冠を掛くるの意あり。独り前参議大隈重信君は君の為すあるに足るを察し、その疑ふべからざるを弁じ、君を挙げて三等検査官と為し、君をして大いに会計の検査に従事せしめ、厳に其成績を責む。

大隈は会計部主管参議である。小野と大隈の関係は、小野が会計検査院へ転任して以降、急速に深まっていったと考えられる。〔自伝〕〔断片〕はつぎのように書いている。(13)

君も亦知己の人を要路に得るを嘉び、会計の整頓を以て自から任じ大に該院の事に尽力したるを以て、当時会計検査院その人ありと称するに至れり。

こうして、大隈という強力なうしろだてを得て会計検査院にはいった小野は、それから一ヵ月もたたない五月六日、二等検査官に昇進した。そして、「会計を管理するの諸法規」の起草に従事して、一一月に脱稿する。これは、翌八一年四月、会計法・会計検査院章程として公布される。小野がこれらの起草にあたって中心的な役割を果たしたことは、八一年六月九日、会計検査院のメンバーに対して会計法の意義を講義し、講習会の会長となったこと、さらに七月二一日、会計法講究会の会長に任じられ、八月一七日まで会計法の講究をつづけていることなどからも裏づけられる。小野は会計検査院の理論的な中心となっていたのである。そして、八一年八月三日、一等検査官に昇進する。会計検査院にはいってから、まだ一年四ヵ月しかたっていない。

会計検査院の位置

会計法と会計検査院章程によって、会計検査院の性格ははっきりした。小野は後に執筆した

「日本財政論」のなかで、この会計検査院について、「強大の権力」をもった「会計部内の一要機」だと位置づけている。[14] 歳入出の予算に対する審査権によって、立法権の一部を担う。また、出納を検査してその当否を判定し、その出納が妥当なら、認可状を発行する。妥当でなければ、その責任を追及する。さらに、決算報告表を審査して、これを内閣に提出する権限をもつ。これが、会計検査院に与えられた権限であった。小野は、予算を審査する権限は、本来は国会に属するものだが、国会がまだ開設されていないので、会計検査院にこれを担当させようとした。国会にかわる強力な権限を会計検査院に与えて、薩長藩閥政府による恣意的な行政運営をチェックしようとしたのであろう。

検査官としての具体的な活動の分担は、一八八一年六月二二日に定められた。小野は、この日の日記に、検査方面を定め、自分は大蔵省に向かった、と記している。そして、七月四日以降、連日のように大蔵省に赴いて、検査を実施し、七月一三日に終了した。

一方、六月、大隈重信の建議によって官有財産管理法取調委員が設置され、官有財産管理法の制定にむけて調査・立法活動をすすめていくこととなったが、同月二八日、小野もこの委員に任命された。取調委員は九人で、会計検査院からは副長の安藤就高と小野がはいり、他は太政官・大蔵省・内務省・開拓使の書記官から構成された。

小野は任命の翌日、「官有財産管理法之大意」を執筆したうえで、七月一日以降、委員会に臨

17　小野梓肖像油彩　二世五姓田芳柳画（早稲田大学會津八一記念博物館蔵）

○會計檢査院　太政官內
長　從四位勳四等　嵓村通俊　神保町十二番地
副長　正五位勳三等　安藤就高　猿樂町二拾五番地
一等檢査官　從五位　安川繁成　飯倉二丁目八番地
從五位　小野梓　北豊島郡橋場町千三百八拾番地
二等檢査官　太政官權大書記官　正六位　非藏上　住所前ニ出

18　会計検査院一等検査官小野梓（彦根正三編『改正官員録』1881年11月、博公書院、国立国会図書館デジタルコレクション https://dl.ndl.go.jp/pid/779304）

んでいくことになる。

図版17の肖像画は小野の没後、写真をもとに描かれたものと考えられるが（第七章参照）、この時期の小野の風貌をよく表している。また、一八八一年一一月二日出版の『官員録』の「会計検査院」には、長・副長につぐ一等検査官（二人）として小野の名が記されている。後述のように、一〇月二五日、小野は免官となったが、出版に間に合わなかったのであろう。

3　大隈重信のブレーンとして

憲法研究の本格化

この時期、小野梓は会計検査官として活動していただけではない。彼は、一八八一（明治一四）年一月一日以後、ほぼ毎日、漢文で日記をつけている。それによれば、一月二日、「国憲論綱之追稿」の執筆を開始して以来、一月中はほぼ連日、「論綱」を執筆していることがわかる。これ以前の日記がないので、彼がどのような研究活動・執筆活動を展開してきていたのかよくわからないが、少なくとも一八八一年一月、彼が憲法論の研究・執筆に、再度、本腰を入れようとしていたことがわかる。

一八七五年四月、政府は漸次に立憲政体の樹立をすすめることを宣言し、立法審議機関として元老院を設置していた。一八七六年九月、政府は元老院に憲法の起草を命じ、元老院では細川潤次郎ら四議官が国憲編纂委員となり、国憲取調局の書記官がこれを補佐して憲法草案の起草に着手した。同年一〇月、第一次草案が作成され、一八七八年七月には第二次草案が作成される。

小野梓も憲法への関心を強め、一八七五年五月から九月にかけ『共存雑誌』に「読詔余論」を連載した。さらに一八七六年五月には憲法論の研究を本格化して執筆をすすめ、同年秋、「国憲論綱」を完成した。一八七八年一一月、前述のように元老院少書記官であった小野は、同郷の先輩、細川に「国憲論綱」を提出しており、これは、細川から他の三人の国憲編纂委員にも回覧されたと推定される。

他方で小野は、一八七八年六月一二日の共存同衆の講談会以後、三回にわたって「国憲論綱」を演題として憲法論を演説し、一八七九年三月から八〇年四月にかけて、『共存雑誌』に「国憲論綱」を連載していた（前述）。

こうして憲法への強い関心を抱きつづけていた小野は、一八八一年一月、憲法論の研究・執筆を本格化したのである。一月三〇日には、これまでの「国憲論綱」を「国憲論綱」と「万国憲法」に二分割し、これに「国憲私案」を加えて一冊にまとめて、「国憲通書」と題することに決めている。そして、「国憲私案」（「国憲私纂」）の執筆に取りかかった。まず憲法論の基本を展開し、つづいて各国の憲法を紹介・検討し、それを踏まえて具体的な憲法私案を提起しようと考えたのであろう。二月中は「私纂」の執筆に取り組んでいる。

さらに二月二八日の晩から、小野は「今政十宜」を執筆し始めた。そして三月一八日、彼は大隈を訪問して、これを提出した。[15]「今政十宜」は、①内閣の組織を変えるべし、②施治の方嚮（政治の基本方向）を定めるべし、③外債の募集を決すべし、④紙幣の焼棄をやめるべし、⑤外国の弱所をつくべし、⑥刑法・治罪法の実施を延期すべし、⑦会計の年度を改めるべし、⑧紙幣交換準備の有様を正すべし、⑨官吏の責任を明らかにすべし、⑩開拓使の廃止を断行すべし、の一〇項目からなっていた。

三月二〇日午後、小野は大隈を訪問し、「今政十宜」について大いに時事を論じた。大隈は胸襟を開いて時勢の所在を詳しく語り、「細大明言」し、あわせて「前途之事」を議論した。小野は「施治方嚮論」が定まっていないのはまずいと痛論し、大隈はこれを大いに「可」とした。懇話は数時間に及び、一〇時に退出した。そして、二二日から小野は「施治方嚮論」の執筆を開始する。

大隈意見書と憲法問題の焦点化

ところで、この一八八一年三月は、憲法論の歴史において、重要な節目をなす時期にあたっている。大隈重信が左大臣を介して大臣に憲法意見書を提出したのがこの三月だからである。他方、三月二三日には、政府サイドで憲法起草作業にあたってきた元老院国憲取調局が閉鎖されている。本来、政府側で憲法起草を担当すべきなのは、立法審議機関の元老院である。すでに一八七六年以来、起草作業を進めてきた元老院は、一八八〇年一二月末、第三次案の憲法草案を天皇に提出した。しかし、それは日本の国体にはふさわしくないとして採用されず、結局、閉鎖されてしまったのである。こうして政府サイドの憲法起草機関は消失した。

ちょうどこの時期、自由民権派は各地で憲法起草運動を展開していた。前年一一月の国会期成同盟第二回大会で、翌年（つまり一八八一年）一〇月に開催する予定の次回会議に、各地で起草した憲法見込案を持参することを申し合わせていたからである。

他方、政府首脳部の側では、一八七九年一二月以降、各参議が国会開設問題に関する意見書を提出しており、一八八〇年一二月には、伊藤博文も提出した。

伊藤の意見書から三ヵ月後の一八八一年三月、大隈の意見書が提出された[16]。ただし、大隈は提出にあたって、他の参議には見せないように要請したから、この時点では、伊藤らは大隈の意見書の内容はもちろん、意見書を提出したことも知らない。

大隈意見書は、第一に、「国議院」を開設する時期を公布することが必要だとしている。「法制」を改進して「人心」に沿うようにすることが「治国の良図」だから、「人心」に先だって議院設置の年月日を布告し、憲法制定委員を選定し、議事堂を建設すべきだとした。第二に、「国人」の支持に応じて政府顕官を任用すべきだと主張している。イギリス式の議院内閣制（政党内閣制）を提起した大隈意見書の核心部分である。第三に、政党官と永久官を区別すべきだと提案している。第四に、天皇の宸裁（決定）によって制定するという憲法制定の手続きを提示している。第五に、国会開設の日程として、明治一四年憲法制定、一四年末・一五年初公布、一五年末議員召集、一六年初国議院開会という段取り明示している。第六に、政党には施政の主義が必要であると述べ、国議院設立時期の公布後、現内閣の施政主義を決定すべきだとしている。そして、最後に第七の「総論」で、「立憲の政」は「政党の政」であり、「主義の争」だとして、主義に対する国民の支持によって政権を担当することこそが、立憲の「真政」であり、「真利」であるとしている。

大隈意見書は、普通、憲法意見とみなされているが、政治運営という点からみると、政党に重要な価値をおいていることがわかる。政党内閣制が国家運営の中心だと考えるこの意見書では、七項目のうち、第二、第三、第五、第六、第七の五項目で、政党の問題とかかわって議論が展開されている。そのポイントは、①政党内閣制の提起と、②その具体的採用法に関する提案、③政党のあり方に関する主張、の三点である。②については、まず憲法を制定・公布し、そのうえで政党を養成し、議会を開設するというプロセスが想定されている。③については、政党にとっての政策の意味が強調されている。政党は「施政ノ主義」を明確にし、他党派との政策論争を展開して、国民の支持を獲得していかなければならないとする。これらは、後述のように、政変によるる大隈らの政府追放をうけ、翌年三月に結成される立憲改進党の基本的性格をかたちづくっていくことになる。

大隈意見書は矢野文雄が起草し、小野梓あたりが修正したのではないかとされている。ただし、大隈意見書の原本の所在は不明であり、六月末にこれを借覧して写した伊藤による毛筆手写本が残っているにすぎない。他方、小野が大隈意見書にかかわったことを示す証拠は、現在のところ確認されていない。前述のように、小野は連日、丹念に日記をつけているが、日記には大隈意見書にかかわったことをうかがわせる記載はまったくない。それが、小野が大隈意見書に関与しなかったことを物語るのか、それとも、関与したにもかかわらず、何らかの理由で小野が記載しなかったということなのか、判然とはしない。しかし、前述のように三月二〇日午後、小野は大隈を訪問し、「今政十宜」について大いに時事を論じていた。この時の様子を、再度、小野の日記で確認すれば、つぎのようである。大隈は小野に対して、胸襟を開いて時勢の所在を詳しく語り、「細大明言」し、あわせて「前途之事」を議論した。小野は「施治方嚮論」が定まっていないのはまずいと痛論し、大隈はこれを大いに「可」とした。懇話は数時間に及び、一〇時に退出した。したがって、この時、大隈意見書が話題にならなかったとは考え難い。

小野は大隈訪問後の三月二二日から「施治方嚮論」の執筆を開始した。そして、六月一三日、「施治方嚮再論」を大隈に提出する。(17) それは、薩長藩閥政治の弊害を批判し、維新の精神に立ち返って施政の方向を確立すべきだと主張するものであった。なお、その間の六月一〇日には、小川為次郎と「中立政党樹立之事」を相談している(後述)。そして二五日の晩、大隈を訪問して大いに時事を論じ、一〇時に帰宅したのであった。

以上みたように、この時期、小野が大隈を通じた政治改革、すなわち薩長勢力による政治の打破に大いに意欲を燃やしていただろうことは明らかであり、大隈もそれにこたえようとしていたと考えられる。

4 「明治十四年の政変」

政党樹立計画

自由民権運動が高まるなか、東京大学でも演説が流行し、法・理・文の三学部の学生の間に、演説を目的とするさまざまな会合が起っていたという。これらは、演説の稽古を表向きの目的としていたが、実際には学生のなかの「党派的結合」であったとされる。

高田早苗は、一八八一（明治一四）年二月頃、小野梓に会ったと回想している。(18) 高田を小野に紹介したのは、当時、太政官統計院の官吏だった小川為次郎であった。小野を訪ねた高田に対し、小野はつぎのように語ったという。

兎《と》に角君達は大学に於て、政治、経済といふ様な当世必要の学問をして居るのであり、自分は又実際政界に身を置いて君達の知らぬ事を多少知つて居るから、君の友人中でこれはと思ふ人があつたならば、幾人でも連れて来て一週一度会合し、互に智識の交換をしよう

こうして高田は友人六人を誘って再び小野を訪問し、相談の結果、小野の家で会合することにしたというのである。小野と高田は、東大生グループの組織化について協議し、高田は東大内の

三つの学生集団の中から人選して小野に紹介した。すなわち、共話会から岡山兼吉・市島謙吉・山田一郎、戊寅社《ぼいん》から砂川雄峻《かつたか》・山田喜之助、晩成会から高田と天野為之の七人がそれであった。

その後、小野の日記には、四月一九日、五月一日に小川の来訪を示す記載はあるが、高田らと会ったことをうかがわせる記載はない。六月七日と八日、小野は大隈に提出すべく「方嚮論」を浄書した後、一〇日に小川為次郎と「中立政党」の樹立をめぐって協議し、一三日には大隈を訪ねて、「施治方嚮再論」を提出している。そして、一五日にも小川が来訪し、二五日夜、小野は大隈を訪ねて十時まで大いに時事を論じ合っている。

小野は、七月四日、一五日、八月六日、八日に小川と会い、一〇日には小川と飲みながら時事を談じている。一八日には小川が太政官に小野を訪問し、一九日には、小野と小川が相談して、二〇日に集まることを約束している。そして、八月二〇日、小野は小川・高田らと話し合って、「一政党」を樹立することに決めるのである。小川と高田は、二七日にも小野を訪ねている。開拓使問題をめぐって世上が騒然としている最中のことである（後述）。

開拓使官有物払下げ問題

会計検査官として奔走していた小野梓は、七月二九日、天皇の東北・北海道巡幸に随行する大隈重信を訪ねて「事」を議し、別れを告げた。八月一日、天皇一行は出発した。他方、七月二六日頃から、開拓使官有物払下げ問題で『東京横浜毎日新聞』・『郵便報知新聞』が政府批判の口火を切った。開拓使長官黒田清隆が、同郷出身者らによって組織された関西貿易商会に対して、三八万円余の安い価格で、しかも、無利息三〇か年賦をもって、官有物を払下げようとした問題である。以後、各新聞はこぞって激しい政府批判を展開していった。開拓使問題で政府批判が展開されていた九月初め、小野梓は会計検査官を開拓使に派出して検査を行うことを計画した。[19] つづいて九月二三日頃からは、会計検査官一同による内閣への意見書提出を計画した。小野は検査官メンバーに対して、開拓使処分の非を内閣にいさめることを提案し、賛同を得た。天皇帰京の六日前を期して建議書を内閣に提出することにしたのである。また、二四日、小野は巡幸途中の大隈に手渡すことを想定して、「若我自当」の執筆に着手した。さらにこうした取り組みと並行して、小野は政党樹立の準備をすすめていた（前述）。

大隈宛の手紙のなかで、小野梓は政治の進捗を促す好機が到来したとして、無政府の不幸から日本を救出することを大隈に要請した。[20] また、伊藤と大隈の離間をはかろうとする悪漢がいるとして、戒心・忍容を大隈に希望した。卓然不動、十全の謀略を切望するとして、意見書を宇都宮あたりで渡す予定だと伝えた。また、検査官連署の意見書提出を計画していることも伝えている。

小野梓の熱心な働きかけにもかかわらず、会計検査院の検査官は内閣との関係を慮って建議書の提出に消極的となり、結局、一〇月六日、計画は中止されるに至った。一方、小野は「若我自当」の執筆に力を注ぎ、七日夜、「若我自当」を書きあげて、大隈の手元に届けるべく書生に託した。九日夜、書生から、今朝、喜連川で大隈に書を渡したとの電報が届いた。

「若我自当」のなかで小野は、直面する政治情勢を「政治変遷の秋《とき》」ととらえ、政治を改良すべき方向性を提示した[21]。すなわち、憲法を制定して漸次に改革をすすめる道を具体化すべく、第一劇の開拓使問題をいかに第二劇の憲法制定へとつなげるべきか、その作戦を提示したのである。小野は第一劇の見通しとして、払下げが中止される「勝」と、断行される「負」の中間に、開拓使廃止の年限が延長される「甲」、払下げ金額が増加される「乙」、開拓使問題に対応しつつ憲法制定への道を開く「丙」の三種の「中折」、つまり中間形態を想定して、この「丙」への落着をはかるべきだとした。そして、これを具体化する「最後の一策」として、帰京前に天皇を擁して憲法制定を断行することを大隈に要請した。それは、大隈を擁した一種の憲法制定のクーデタ計画であった。

天皇一行は、一〇月一一日、七〇余日の旅を終えて還幸した。天皇の帰京をまって一一日夜、御前会議が開かれ、三大臣と七参議が出席して一連の決定がなされた。それをうけて翌一二日、国会開設の詔勅が発せられ、また、開拓使官有物の払下げは中止された。そして、大隈は政府から追放された。「明治十四年の政変」である。

政変と辞職

一八八一年一〇月一二日夜、政府は一八九〇年に国会を開設すること、開拓使官有物の払下げを中止することを決定し、同時に大隈重信を参議から罷免した。

一〇月一三日、出勤して政変の内容を知った小野梓は、ただちに辞職の意を固め、大隈邸を訪ねた。この章の最初で紹介した新資料、阿南尚宛の手紙には、想定外の事態の急展開に直面し、急遽、大隈邸を訪問することにした小野のあわてぶりが如実に現れている。大隈だけでなく、小野にとっても、政変は一大転機となったのである。ただし、大隈は即時には辞職しないよう小野を慰留し、小野もこれに従うことにした。こうして小野は、以後しばらく、三大臣にあてて意見書（「奏議」）を提出する準備をすすめながら、検査院の〝残務〟処理に従事していた。

一〇月二〇日、小野は検査院および官有財産管理法取調委員としての事務を処理し終えたのち、各大臣邸を訪問して、「三大臣に上《たてまつ》り事を論ずる書」（「奏議」にあたる）を提出した[22]。この意見書は、前半部分で、薩長藩閥勢力による政権の私物化を強く批判したうえで、後半部分で、薩長藩閥勢力を排除するように、極めて強い語調で三大臣の決断を迫っている。小野の薩長藩閥勢力に対する批判は頂点に達していた。小野は意見書（奏議）の最後を、主張がいれられないいなら、辞職するだけだ、と結んだ。政変時より辞職の意をかためていた小野は、主張すべきことを主張して藩閥の弊を徹底批判し、自らの辞職への道をひらいたのである。

政府当局者＝薩長藩閥勢力は、意見書提出の翌日、小野に対して辞表の提出をもとめた。小野はただちに辞表を提出し、二五日、免官の命が届いた。これを機として、小野梓の新たな活動が開始されていくこととなる。

開拓使官有物払下げ問題という一事件を引き金として一挙に危機へとつき進んだ政府内にあって、これを機として藩閥専制支配を排除し、憲法制定への道をひらくことに、この政治情勢にかけた小野の最大のねらいはあった。[23] しかし、事態は小野の予想を裏切って意外な決着を見、政府内において体制改良をはかろうとする試みは完全に破産した。

小野が「若我自当」で「勝」ではあるがあり得ないとした官有物払下げの中止は、実際に具体化した。その意味では「勝」である。しかも、この「勝」に乗じて進むべき憲法制定への道は、勅諭をもって憲法の制定と一〇年後の国会開設が予告されたことによって、ある意味ではひらかれたのだから、それは「全勝」ともいうべき結果であった。小野の言う「第一劇」と「第二劇」は、一挙に、形式上、小野の希望どおりに決着を見た。

しかし、それは逆に小野の予想を完全に裏切るものであった。小野は「若我自当」のなかで、憲法制定を「彼党」が担うという予測をしていない。とにかく憲法制定への道をひらけ、という

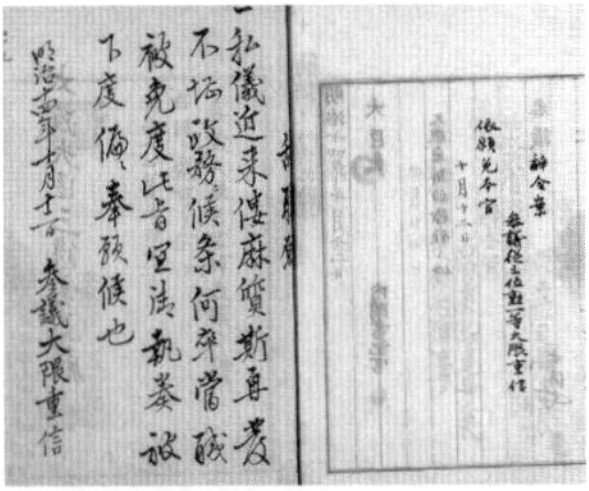

19　大隈重信の「辞職願」と「辞令案」（「明治十四年公文録」、国立公文書館蔵）

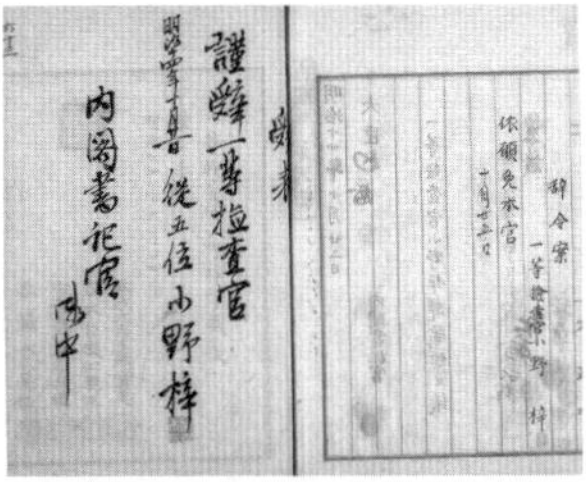

20　小野梓の「辞表」と「辞令案」（「明治十四年公文録」、国立公文書館蔵）

ことが主眼であって、どのような憲法を内容とし、どのような勢力がその制定を推進していくのかという議論はなされていない。まして、大隈が政府内部から追放されて、「彼党」が憲法制定のイニシアティブをとるという事態は、予測しないところであったと考えられる。その意味で、主張の上では「全勝」したにもかかわらず、「彼党」と「我党」との力関係では、その実勢力を政府内部から排除されて、完全に敗北したのである。それはすなわち、政府内部における改革の試みが挫折したことを意味した。

　図版19は一〇月一二日付の大隈の「辞職願」、20はその九日後、一〇月二一日付の小野の「辞表」である。大隈は薩長勢力の〝陰謀〟によって辞表の提出を迫られ、政府トップの座から〝放逐〟された。これに対し小野は、政府に辞表を〝叩きつけ〟、自ら選んで大隈の後を追った。ここに、在野にあって政治の改良を実現すべく、大隈を盟主とする政党組織化への動きが、本格的に開始されることになる。

（1）早稲田大学大学史編集所編『小野梓全集』第五巻、早稲田大学、一九八二年、三七一頁。なお、以下、小野の「留客斎日記」を出典とした場合は、その日付を本文に記し、注記は省略する。

（2）詳しくは、大日方純夫「資料紹介　丹尾安典氏旧蔵小野梓書簡」（『早稲田大学史記要』第五一巻、二〇二〇年二月）を参照。

（3）「自伝志料」（『小野梓全集』第五巻、三一六〜三一七頁）。

（4）早稲田大学大学史編集所編『小野梓全集』第二巻、早稲田大学、一九七九年、三〜六頁。

（5）鹿野政直「〝平民〟小野梓の思想」（『明治文学全集』第一二巻、筑摩書房、一九七三年）。

（6）以下、大日方純夫『自由民権運動と立憲改進党』早稲田大学出版部、一九九一年、三六三〜三六四頁。

（7）〔自伝〕〔断片〕（早稲田大学大学史編集所編『小野梓全集』別冊、早稲田大学、一九八二年、八五頁）。

（8）『小野梓全集』第五巻、三三一〜三四四頁。

（9）内閣委員としての小野の活動については、前掲『自由民権運動と立憲改進党』、三六六〜三七九頁を参照。

（10）〔自伝〕〔断片〕（『小野梓全集』別冊、八五頁）。

（11）会計検査院への転任事情について、詳しくは前掲『自由民権運動と立憲改進党』、一一九〜一二四頁を参照。
(12)〔自伝〕〔断片〕(『小野梓全集』別冊、八五頁)。
(13)〔自伝〕〔断片〕(『小野梓全集』別冊、八五頁)。
(14)「日本財政論」(早稲田大学大学史編集所編『小野梓全集』第四巻、早稲田大学、一九八一年、二八一～二八二頁)。
(15)早稲田大学大学史編集所編『小野梓全集』第三巻、早稲田大学、一九八〇年、一一一～一一二頁。
(16)以下、大日方純夫「自由民権運動と明治一四年の政変」(明治維新史学会編『講座明治維新』4、有志舎、二〇一二年)一二八～一三〇頁を参照。
(17)『小野梓全集』第三巻、一二六～一三〇頁。
(18)以下、薄田貞敬編『半峰昔ばなし』早稲田大学出版部、一九二七年、六四～七〇頁。
(19)以下、「明治十四年の政変」をめぐる小野の動向について、詳しくは前掲『自由民権運動と立憲改進党』、一二六～一四五頁を参照。
(20)九月二九日付の大隈重信宛書簡(『小野梓全集』第五巻、二二六～二二八頁)。
(21)早稲田大学大学史編集所編『小野梓全集』第三巻、早稲田大学、一九八〇年、一三八～一四五頁。
(22)同前、一四六～一四七頁。
(23)以下、前掲『自由民権運動と立憲改進党』、一四六～一四七頁。

第四章　立憲改進党の結成

――「改進」の実現めざして

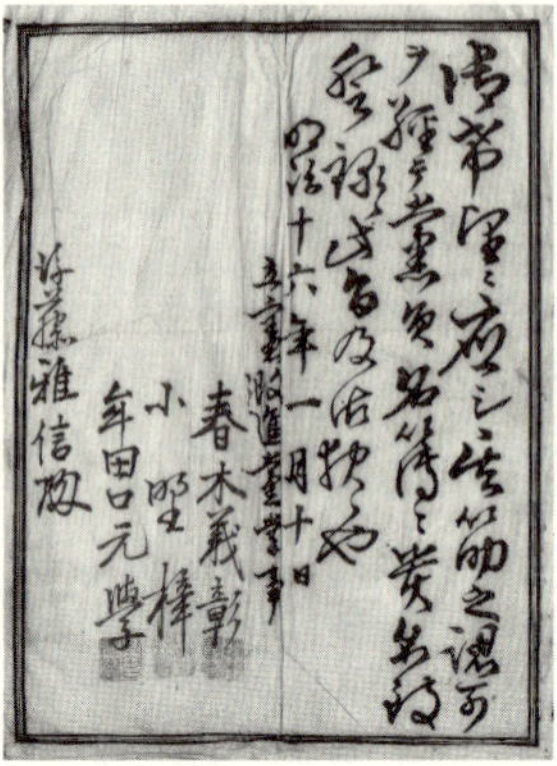

21-1　書簡「後藤雅信宛入党登録通知」
（早稲田大学歴史館 Web サイト「小野梓に関係する所蔵資料」
https://www.waseda.jp/culture/archives/other/2024/09/10/5492/）

> 御希望ニ応シ其筋之認可ヲ経テ党員名簿ニ貴名致登録候。此旨及御報候也。
> 明治十六年一月十日
> 立憲改進党掌事　春木義彰　印
> 小野梓　印
> 牟田口元学　印
> 後藤雅信殿

一八八三（明治一六）年一月一〇日、三人の立憲改進党掌事（春木義彰・小野梓・牟田口元学）が連名で後藤雅信に送った入党登録通知である（21-1）。二〇一六年に早稲田大学大学史資料センター（現、歴史館）が古書店から購入した新資料、後藤雅信関係資料のなかに含まれている[1]。ただし、後藤雅信がどのような人物なのか、その履

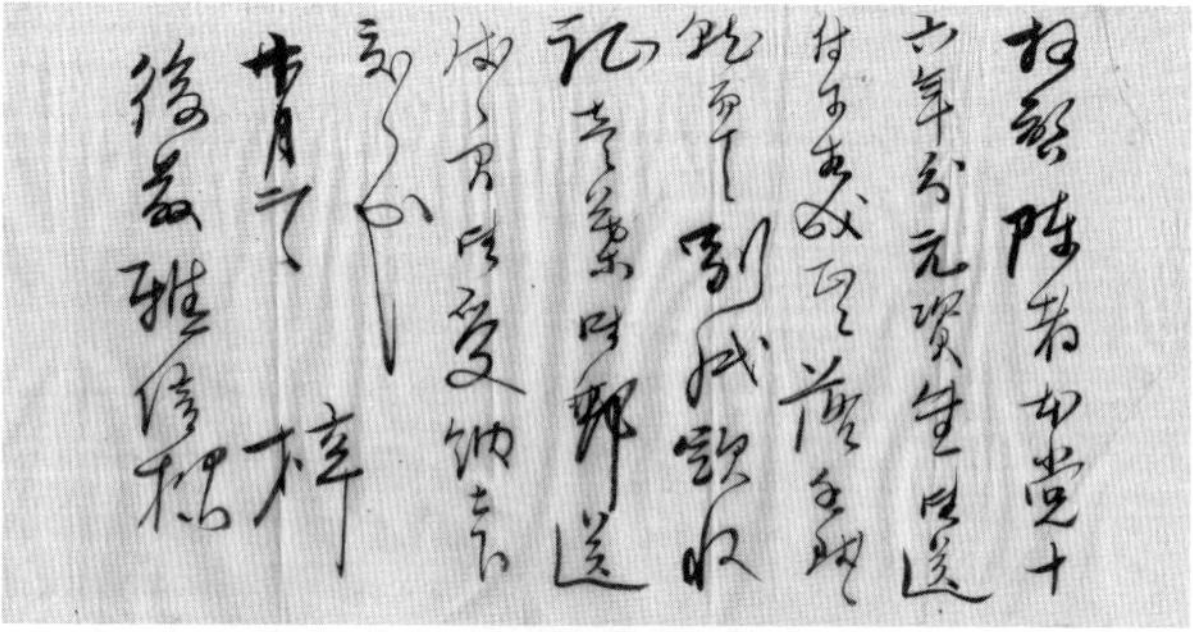

21-2　書簡「後藤雅信宛元資金受領通知」
（21-1 に同じく）

歴は現在のところ不明である。

同じ後藤雅信関係資料には、あと二点、後藤宛の小野梓の手紙が含まれている。うち一点は一八八三年一〇月二日付で、つぎのようなものである。

> 拝啓　陳者本党十六年分元資金御送付に相成正ニ落手致候。就而者別紙領収証壱葉御郵送致候間、御受納被下度候也。
>
> 十月二日　梓
>
> 後藤雅信様

この手紙には、「立憲改進党掌事　小野梓」名の「明治十六年十月二日付の「元資金」の領収書が同封されており、「金壱円　但十六年分元資金」の党費領収通知と考えられる（21-2）。封筒の表の宛先は「日

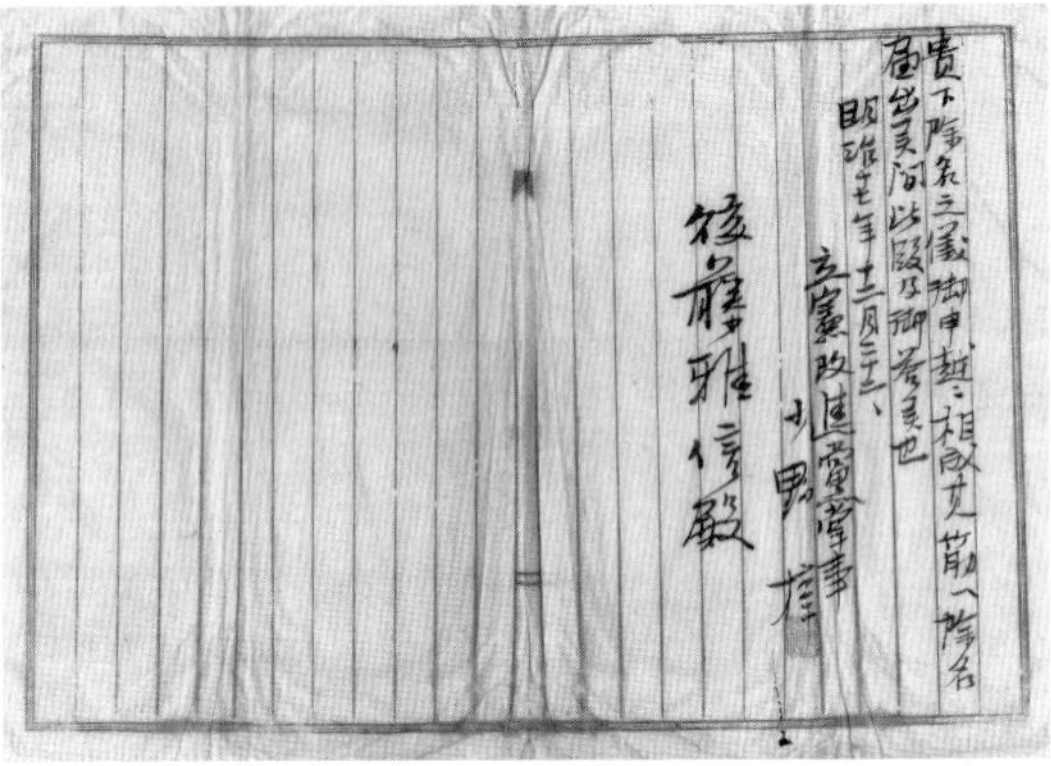
貴下除名之儀御申越ニ相成其筋へ除名届出候間此段及御答候也
明治十七年十二月二十二日
立憲改進党掌事　小野梓
後藤雅信殿

21－3　書簡「後藤雅信宛除名通知」
（21－1に同じく）

本橋本両替町十三番地修進社ニテ　後藤雅信様」となっている。

もう一点は、一八八四年一二月二二日付で小野梓が立憲改進党掌事として後藤に送った除名通知で、つぎのようなものである（21－3）。

> 貴下除名之儀御申越ニ相成其筋へ除名届出候間此段及御答候也。
> 明治十七年十二月二十二日
> 立憲改進党掌事　小野梓　印
> 後藤雅信殿

立憲改進党とはどのような政党なのか。前章でみた「明治十四年の政変」後、どのような経緯をとってこの党は成立したのか。結党にあたって小野梓はどのような役割を果たしたのか。「党員名簿」への登録になぜ「其筋」の認可が必要なのか（21-1）、なぜ「除名」にも「其筋」への「届出」が必要なのか（21-3）。そもそも「其筋」とは何なのか。21-1～21-3に共通している「掌事」とは何なのか。21-2の後藤の宛先にある「修進社」とは何か。そして、なぜ後藤は除名を申し出たのか（21-3）。入党登録通知は掌事三人の連名なのに（21-1）、除名通知の掌事はなぜ小野一人なのか（21-3）。一八八四年一二月に何かあったのでは？　以下、それらを探ってみよう。

1　立憲改進党の結成

小野邸に集まった青年たち

前章で見たように、政変の結果、大隈重信が辞職し、つづいて小野梓も辞職したことによって、小野を中心とする政党結成への動きが、いよいよ本格化、活発化していった。(2)

天野為之は、橋場の小野梓邸に集まって時事問題の研究をしたり、憲法の調査などをしていた天野ら大学生連中は、今や大隈参議の辞職を見るに至ったから、最早や何をか猶予せん、民間の志士を糾合して真一文字に政党運動を開始するほかはないということになったと回想している。(3)

大学生連中とは、東京大学に在学中の天野をはじめ、高田早苗・市島謙吉・山田一郎・岡山兼吉・砂川雄峻《かつたか》・山田喜之助らのことである。

彼らが集まっていた小野梓の自宅は、墨田川のほとり、橋場の渡しの近くにあった。図版22-1の地図の右上（北東方向）で曲折した墨田川をやや下ったあたりが橋場で、対岸の向島方面へは渡船場から舟が出ていた（現在は白髭橋《しらひげ》がある）。この橋場の渡しは、鴎《かもめ》の渡しとも呼ばれていた。南の方面は浅草、南西は上野である。図版22-2は橋場付近を拡大したもので、橋場から渡し舟が出ていることがわかる。

図23の版画は一八八〇（明治一三）年の小林清親「橋場の夕暮」で、当時の橋場の様子がよくわかる。図24の写真は現在の橋場付近で、墨田川を越えた遠方に東京スカイツリーが見える。

この橋場の小野邸での会合について、市島謙吉はつぎのように回想している（現代風の表記に改めた）(4)。


先生はその頃、義真翁の構内に居られた。先生の住居は家扶でもおりそうな小屋であった。先生をお訪ねすると、かつて一度もお住居《すまい》に通されたことはなく、いつも義真翁の広い本屋敷に通された。吾々同窓が数名頻繁に往来して種々政治方面の研究を始めたので、ここに鷗《おう》渡《と》会という会ができた。鷗渡は墨田の一名所を名としたので風流らしい会だが、その実は政治的のものであった。この頃、藩閥者流は先生の行動に注意したので、わざとコンな会名を付し、吾々もうち揃っては行かず、目立たぬようにして散々《ちりぢり》に会したものである。

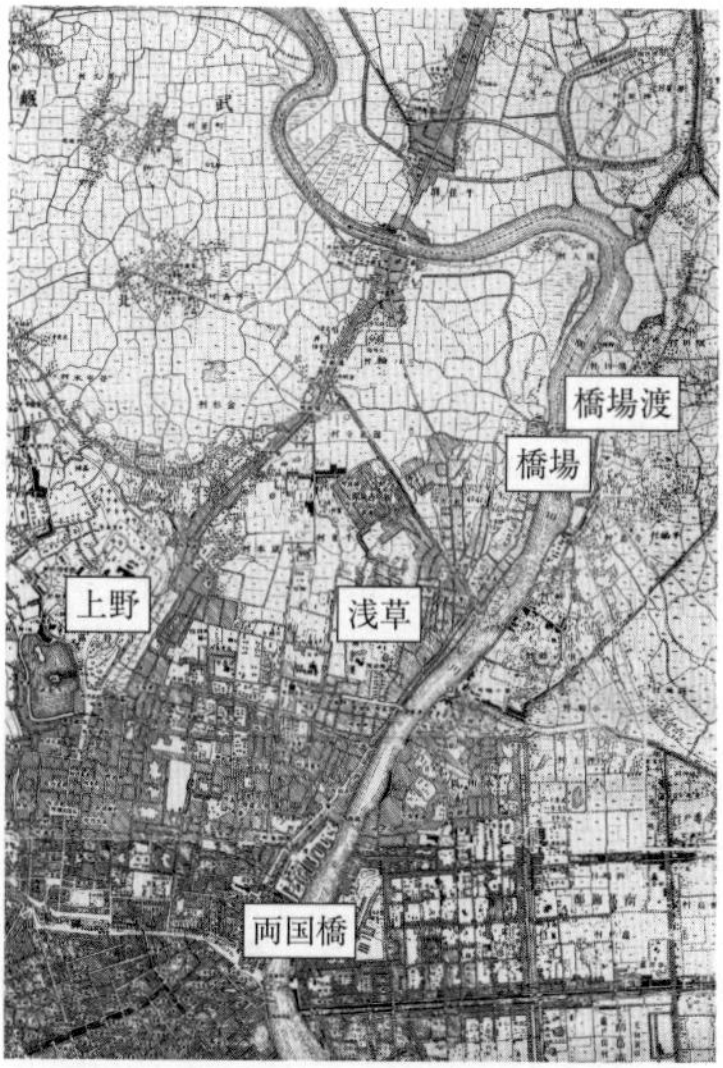

22-1　小野梓の自宅の位置（1880年測量の迅速測図『明治前期・昭和前期東京都市地図１』柏書房を加工）

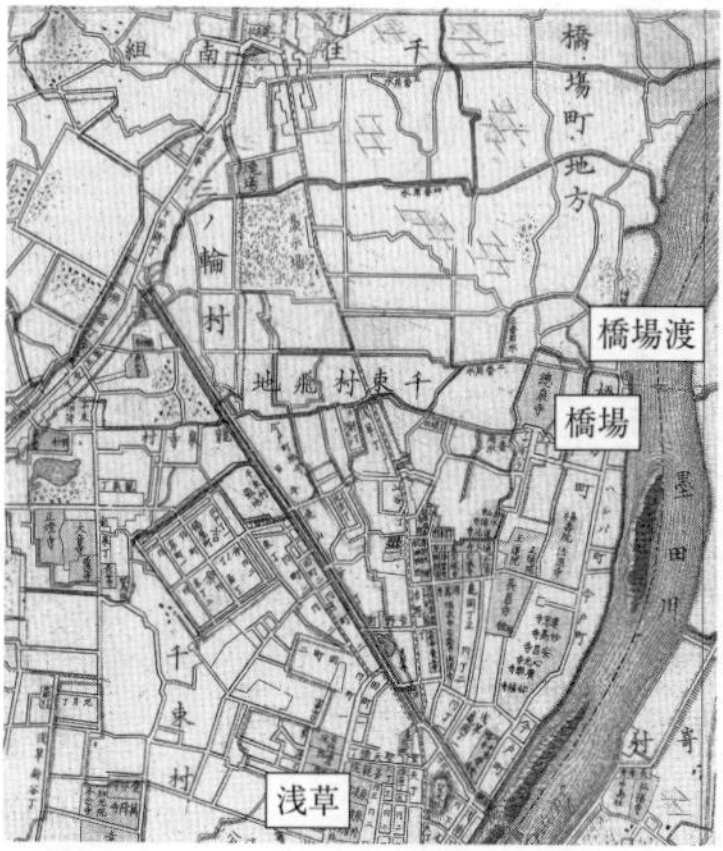

22-2　橋場とその周辺（国土地理院蔵 1878年「実測東京全図」を加工）

23　小林清親「橋場の夕暮」
（『清親畫帖』2、国立国会図書館デジタルコレクション　https://dl.ndl.go.jp/pid/2605148）

24　現在の橋場周辺

小野邸とは言うものの、市島らが集まったのは、「小屋」のような小野梓の居宅ではなく、隣接する小野義真の屋敷だったというのである。梓の妻、利遠《りお》[5]は義真の妹なので、義真は義兄ということになる。梓と利遠の結婚がいつかはわからないが、一八七六年三月に長男が誕生しているから（ただし五月に没）、それ以前ではある。また、梓が橋場に住むようになったのがいつからなのかもはっきりしないが、一八七六年七月の履歴書で「駿河台北甲賀町十九番住」となっていた住所が、一八七八年三月の履歴書では「橋場町地方六番地住」となっているから[6]、その間の時期であろう。

いずれにしても、小野邸に集まった青年たちに対して、小野は「北海道払下事件の非を鳴らし」、青年たちは「始めて実際政治の活機」を聞いた[7]。そして、小野のもとで「政治の手習い」をしながら、「改進党の創立に参画」したのである。市島謙吉はつぎのように回想している（同前）。

改進党の綱領や宣言などは、吾々が帝大で教わったことを先生の参考に供し、それを先生が換骨奪胎して書かれたのである。先生がこの文を作るには、幾十回も稿を改めて例の崇高な音調で度々吾等の前で朗読された。

以下、小野の日記によりながら、いかに立憲改進党が結成されていったのかを追ってみよう。

本格化する政党結成の動き

辞官から二日後の一八八一年一〇月二七日、高田早苗らと協議した小野は、三〇日、大隈を訪ねた(8)。政党結成について相談するためだったと考えられる。しかし、この日は大隈に会えず、一一月三日、大隈との会談が実現して、「我党前途」のことを話し合った。さらに一三日にも、大隈と小野は長時間にわたって話し合っている。

小野が新たな政党結成の構想をいだきながら「我党檄文」の起草を開始したのは、一一月一七日のことである。この日、小野邸には小川為次郎・高田早苗・岡山兼吉・市島謙吉らが集まっていた。彼らは、二〇日と二七日にも小野邸に集会し、二七日の会合では「檄文」案そのものが検討に付され、これが決定された。

高田早苗は、小野から「何等か学問上の根拠を得て主義綱領といふ様なものを定めたいと思ふから、一つ調べて呉れ」という注文があり、これに対し、高田らが東京大学での講義筆記などを読んで研究して、その結果を小野の参考に供したと回想しており、[9]前述の市島の回想と一致している。東京大学で高田らに政治学の講義したのは、フェノロサである。市島は、政党の樹立について論議した際、高田や自分らにとって参考となるのはフェノロサの講義筆記しかなかったと回想している。[10]フェノロサは四年生の講義で、「ウールゼイ氏政治論」、「リーベル氏著自治論」、「ミル氏著代議政体論」などをテキストとして使用していたという。[11]小野は高田らから提供された「理論」をもとに、「我党檄文」、すなわち結党宣言を起草したことになる。

一一月三〇日、小野は大隈と数時間にわたって協議した。小野は、その後、大隈との協議の結果をふまえながら、結党を具体化するための文書の起草作業をすすめた。一二月一二日に起筆して、一七日に大隈に送付した文書「何以結党」[12]がそれである。

一二月二三日、小野は大隈に会って「何以結党」の趣旨を説明し、その検討を託した。以後約一ヵ月間、小野の日記には大隈との交渉を示す記載がない。小野からの「何以結党」の提出をうけ、大隈とその周辺で、結党問題の検討作業がすすめられていったものと考えられる。

政党結成の具体化

一八八二年一月三一日、大隈邸に河野敏鎌《とがま》・前島密・小野梓らが会合し、政党結成について協議した。河野は元老院副議長、文部卿、農商務卿、前島は内務大輔、駅逓総官などをつとめた政府高官であったが、ともに前年の政変で大隈につづいて政府を去っていた。大隈・河野・前島らとの協議の結果、政党結成に向けて、小野に規則などの起草が委ねられた。小野はこの日、早速、「政党規約之草稿」の執筆に着手した。以後、二月はじめ、彼は「規約内則等」「規約及政策綱領」「我党施政之要義」の起草をすすめた。そして、五日、大隈を訪ねて「要義・宣言・規約」について論議し、六日、これを浄書して、七日、大隈に手渡した。政党結成へ向けての三つの基本文書、「要義」「宣言」「規約」の検討が、大隈とその周辺の検討に委ねられたのである。

こうした検討結果にもとづいて再検討がなされたのが、二月一五日・一六日両日の大隈・小野の討論であろう。小野の日記には、一六日、「宣言等」を校訂したとあり、以後、「要義」「規約」に関する記載はなくなる。つまり、再検討の中心は「宣言等」に絞られたのである。一七日、校訂を経た「宣言等」は矢野文雄と肥塚龍に送付され、以後、矢野・肥塚との往復、大隈との協議を経て、二月二三日の大隈邸での集会に至った。当日は、河野・前島らも参加し、小野が起草した「宣言及約章」を公表することが決定された。

大隈・河野・前島らのもとで、政党結成に向けて動いていたのは、慶應義塾関係者の三田派、都市民権派の結社である嚶鳴社《おうめいしゃ》、小野梓を中心とする鷗渡会の三つのグループであった。

大隈に最も近い三田派は、二月一二日、東洋議政会を結成して、結党にのぞもうとしていた。この年一〇月の官側史料によればその数は一六人で、矢野文雄を中心に、尾崎行雄・犬養毅・藤田茂吉・箕浦勝人らが名を連ね、『郵便報知新聞』を握っていた。

大隈は在官中、福沢諭吉の門下生をそのもとに配していた(13)。大隈は福沢と親しく交わり、その門人連とも接近するようになり、門下生を頼まれたので、矢野文雄・中上川《なかみがわ》彦次郎・小泉信吉をはじめとして、次第に「慶應義塾出の秀才」が何人か政府に入ったと語っている。また、矢野文雄・藤田茂吉・犬養毅・箕浦勝人・加藤政之助・森下岩楠などという連中が大隈邸に来るようになり、いつの間にか「我輩の乾児《こぶん》になってしまった」とも述べている。一方、矢野文雄は、「一番最初に私が慶應義塾から大隈さんに若い者を伴れて行つたのは、犬養と尾崎と、牛場卓造(中略)とであつた」と語っている。

こうして矢野は、一八七八年七月、『郵便報知新聞』副主筆から大蔵省少書記官となり、一八八〇年三月には太政官少書記官に転じて会計部に勤務し、ついで五月、太政官権大書記官兼会計検査院二等検査官となった。そして、一八八一年五月、大隈の建議にもとづいて統計院が設置され、大隈が院長となると、六月、太政官大書記官として統計院幹事をつとめることになった。ついで七月、『東海経済新報』主幹の犬養毅と、『新潟新聞』主筆の尾崎行雄が、ともに権少書記官として統計院に入った。第三章で記したように、一八八一年三月に提出された大隈意見書の起草者は、矢野であった。そして、大隈のもとにあった政府内部の三田派は、前年の政変の際に辞職し、大隈とともに政府を去ったのである。

嚶鳴社は第二章で言及した法律講習会が一八七七年に改組・改称した結社で、一八七九〜八〇年、旺盛な遊説と組織活動を通じて、関東・東北地方に地盤を築いていた。一八八〇年末から一八八一年初めにかけ、一時、立志社＝愛国社系の運動に連携して政党結成を企図したこともあったが、これとは袂《たもと》を分かって、大隈・小野らの結党運動に参加してきていた。河野敏鎌との関係が強い集団であり、沼間《ぬま》守一を中心に、島田三郎・肥塚龍らが指導的な位置を占め、『東京横浜毎日新聞』を発行していた。

これに対し小野梓は、かつては幹事として共存同衆の活動を中心的に推進していたが、これとは手を切って、自らのもとに結集した青年たちを率いて、一八八二年二月二七日、鷗渡会を正式に発足させた。前述のように、橋場の渡しが鷗の渡しと呼ばれていたことにちなんだ命名である。東洋議政会・嚶鳴社に比べると、小集団にすぎない。しかも、独自の言論機関をもたず、大半はまだ東京大学に在学中である（市島は一八八二年一月に退学）。他の集団に対して優越しているのは、小野が大隈から得ている信望であり、結党運動を理論的にリードしてきた実績であった。

立憲改進党の結成

立憲改進党は三月一四日、宣言・趣意書(14)を新聞に発表し、四月一六日、結党式を挙行した。会場の明治会堂には、百数十人が集まった。大隈を総理に推薦し、内規にもとづいて小野と牟田口元学・春木義彰が総理によって掌事に指名された。

四月五日に決定された立憲改進党内規(15)は、総理一人をおき、党員多数の同意によってこれを推薦することになっていた。また、総理の選任によって掌事三人と書記二人をおき、党の庶務を担当させることになっていた。結党式はこの手続きにそって党の執行部を決定したのである。

こうして、立憲改進党の公的な指導部が発足した。四月二一日には、党事務所を飯田町一丁目七番地に仮設して、党事務を開始した。五月一三・一四両日の大演説会をもって党の主義・主張を大衆的に表明し、一五日の月次会開催以後、内規にもとづく活動が展開されていくことになる。

小野とならぶ掌事の牟田口元学は元農商務大書記官、春木義彰は元長崎上等裁判所検事で、ともに元官僚である。彼らは、副総理格の河野敏鎌(元農商務卿)や元老格の北畠治房(元大審院判事、前年の政変で辞職)らとともに、一八八二年八月に修進社という訴訟鑑定事務所を開設した。契約書の文案作成、紛議の仲裁と示談、民事・刑事訴訟の鑑定、訴状・答書・請願書などの文案作成、代言(弁護人)の紹介などが取扱い業務であった。本章冒頭で紹介した新資料の後藤雅信が所属していたのは、この修進社である。

北畠は一八七一年頃から、官職とは別に、大隈重信の情報係(密偵の元締め)ともいうべき役目を担っていたようであり、[16]法隆寺寺侍の出身であった。春木も法隆寺寺侍出身で司法関係者なので、北畠の人脈から立憲改進党・修進社に加わったものと考えられる。牟田口は大隈と同じ佐賀藩の出身であるが、河野敏鎌のもとで農商務大書記官などをつとめていたから、直接には河野とのつながりかもしれない。

なお、立憲改進党の結党にあたって書記となったのは、前章の冒頭で紹介した小野の手紙の宛先、阿南尚である。六月二六日に京橋警察署に立憲改進党が届け出た党員名簿には、「大分県平民　書記　阿南尚」と記されている。[17]それを物語るかのように、結党後の五月一〇日には、阿南が来訪して「九州之情況」について小野と話している。六月二二日には、大隈からの伝言（依頼）を小野に伝え、八月一二日には、河野敏鎌・牟田口元学・矢野文雄らの意を小野に伝えている。もう一人の書記は、同じ警察署届け出名簿で「長崎県士族」の「坂本俊健」となっているが、資料21-2の領収証には、小野の印とは別に、金額の箇所に「伊東」の印が押されている。前記届け出簿にある「伊東専三」がこれに該当すると考えられ、あるいは書記が交替したのかもしれない。

立憲改進党の中央執行部として、公的に規定されているのは、総理一人、掌事三人、書記二人であるが、この公的執行部による運営とは別に、立憲改進党内には、前述のような東洋議政会・嚶鳴社・鷗渡会とこの修進社の四つのグループがあり、それぞれがある程度独自に活動していた。[18]このうち公的執行部、とくに幹事役の掌事となっているのは、鷗渡会のリーダー小野と、修進社の牟田口・春木だけであり、最有力の二大集団、東洋議政会と嚶鳴社からは誰も入っていない。

内規によれば、入党には党員三名以上の紹介が必要であり、掌事はその紹介を受け、党員名簿に登録して、月次会で報告することになっていた。また、離党しようとする場合は、その旨を掌事に通知し、掌事はこれを月次会で報告することになっていた。したがって、本章冒頭で紹介した資料の21-1、21-3の後藤の入党・離党に関する手続きに、「其筋」の関与は本来、不要であった。しかし、一八八二年六月三日、政府は集会条例を改正し、政党を政社とみなして、結社するものは、社名（党名）・社則（党則）・会場（本部）・名簿を警察署に届け出て認可を受けなければならないとした。また、社員の出入りがあった時も同様だとした。こうして「其筋」、すなわち管轄する警察署が党員の入党・離党に介入することになったのである。

なお、内規は毎年六月末までに党維持のための「元資」、つまり党費を掌事に納めるように規定し、その額を東京在住者は年一円、各地は年五〇銭と定めており、これは資料21-2の手紙に同封された領収証の金額と一致する。

2　立憲改進党の掌事として

党勢拡大と地方遊説

立憲改進党は、東京で核をつくってから、地方に党勢を拡張していくという方法をとった（とらざるを得なかった）。四月の結党後、関東、北陸、近畿、四国、中国の各地方に影響力を拡大していった。[19] 新資料21-1で紹介した後藤雅信の入党も、そうした党勢拡大活動の賜物であろう（遊説によるものではないが）。

関東地方や福島県での党員の獲得は、すでに嚶鳴社が組織していた地方基盤と関係が深かったと考えられる。嚶鳴社の支社は、現在、二六判明しているが、このうち関東地方に一七社が集中している（埼玉五、群馬四、神奈川三、千葉三、栃木二）。他は福島県の三社が多く、宮城・山形・長野・山梨・静岡・岐阜の各県に一社がある。埼玉・福島・栃木の各県で党員数が多いのは、こうした嚶鳴社の地域組織と密接な関係があったからだと考えられる。

中央の側が地方に党勢を拡張するための重要な手段となったのが、巡回演説、すなわち遊説である。一八八二年の前半、東洋議政会や嚶鳴社は、党としての遊説にさきだって、関東近県などへの巡回演説をしばしば実施していた。一八八二年の後半には、小野はじめ立憲改進党の中心メンバーが、精力的に関東諸県下への遊説を試みている。そうした活動によって、一〇～一二月、関東地方で党員が増加した。
小野梓が地域に出向いて演説をおこなった最初は、一八八二年六月三日、東京の大森である。これは、五月一七日に小野を訪問した平林という人の要請にこたえたもので、三〇日にも来訪した平林らに対して、小野は改進党への加入を求めている。

大森村の人は、一〇月三日にも小野のところにやってきて、一〇日に演説をしてほしいと要請した。そこで当日、小野は人力車で新橋に出、汽車で大森に赴いた。午後、数百人集まった荏原郡の人びとを前に小野は演説した（演題は不明）。演説後、小野は人びとの求めに応じて揮毫《きごう》し、夜、汽車で帰った。

大森の場合は、小野単独の演説会であったが、地元有志の要請に応じて、小野が改進党の主要メンバーと一緒に演説会に赴いた最初は、一〇月二五日、埼玉県中葛飾郡西宝珠花《ほうしゅばな》村で開催された演説会である。

東京専門学校開校の翌々日の一〇月二三日、小野は一大書店を開業して党議の拡張をはかるべく、「書店開業之考案」を執筆した（後述）。午後は改進党事務所で事務処理にあたり、大隈を訪ねて相談し、その後、専門学校に行って校務の様子を聞き、さらに改進党事務所に寄り、また、大隈を訪ねて相談している（矢野・前島らも同席）。そして、帰宅後、宝珠花村での演説のため、「明治維新之根源」を執筆した。政党・学校・書店の三つの活動（学校と書店については後述）を小野は同時進行させながら（さらに執筆活動も）、目まぐるしく奔走している。この一日の動きに象徴されるような小野の奔走ぶりは、連日のことである。

翌二四日、大隈を訪ねて書店のことを相談した後、帰宅してあわただしく旅立ちの準備をととのえ、人力車で両国橋畔に出て、通運号に乗船した。船は隅田川を下り、中川を経、新利根川をさかのぼって、夜、宝珠花村に着いた。宿は地元有力者の中島家である。近郷の党員や志士が相次いで来訪し、談話は二時間に及んだ。同行したのは、矢野兄弟（矢野文雄・矢野貞雄）、肥塚龍・井上寛一・波多野伝三郎・箕浦勝人の六人であった。東洋議政会・嚶鳴社の中心メンバーである。

二五日、朝食後、演説会場の宝蔵寺に向かい、午前中、小野は「明治維新之根源」を演説した。この日の様子を、小野は日記につぎのように書いている（漢文表現を現代語に直した）。

聴衆は政談演説を聞くことに非常になれており、演説がちょうどよいところになると、拍手喝采がおこり、ピッタリとタイミングがあっている。聴衆はおよそ千余人で、多くは近郷の豪農・富商であった。八里以上も遠いところから来た者も少なくない。夜は利根川畔の若木家という商家で宴会を開き、およそ八十余人が集まった。会場の外には数百個の紅色の灯が懸けられ、歓迎の意を表していた。酒も酣《たけなわ》となり、会員のもとめによって小野・矢野・箕浦がそれぞれ演説をした。夜八時、宿に帰って就寝した。この日、流山から盲目の大石という人が来聴したが、政談の意味をとてもよく理解していて驚いた。

小野の日記にあるように、地方遊説は地元の有志と呼応して実施されていた。その背景には、地方の政治意識の高まりがあった。一八八二年七月四日付の『郵便報知新聞』は、西宝珠花村の近辺は、昨年までは「時勢論」を吐くものが一人もいなかったが、近来、大いに面目をあらため、しばしば演説討論会を開催し、とくに青年たちは活発で、有志が青年研究会という会を設けることに決定した、と伝えている。そして、八月二八日から三〇日には、青莪学会（青年研究会と同一か）の要請にこたえて、東洋議政会の久松義典と枝元長辰が同地人の学術演説会に赴いている。小野らの演説会が開催される二か月前のことである。

一〇月二六日、嚶鳴社の肥塚と波多野は茨城県の筑波郡に向かい、東洋議政会の箕浦は栃木県の宇都宮に赴いた。小野は矢野兄弟・井上とともに夕方、宝珠花村を発って、夜一時、帰宅した。

小野梓は、この後、一一月五日、小野を訪ねてきた横浜の人の要請により、一二日夕方、山田一郎とともに、横浜に向かった。会場の湊座に集まった千数百人の聴衆に対し、小野は「輸入減少之根源」というテーマで演説した。

千葉県南房総地方などへの遊説

つづいて一一月二〇日から二五日にかけて、小野梓は千葉県南房総地方に遊説した。小野ら鷗渡会グループと地元有志との連携によって実現したものである。これに先立って、山田喜之助・天野為之・岡山兼吉は避暑のためこの地域に赴き、その際、地元の有志と時事を談論したことがあった。これが機縁となって、千葉県会議員の安田勲が上京し、小野に遊説を要請した。そこで、小野は市島謙吉・砂川雄峻とともに同地に赴くことにしたのである（遊説の径路は地図25参照）。

二〇日、下佐久間村の天寧寺では、百余人の聴衆に対し、安田、つづいて市島・砂川がそれぞれ演説し、小野は「改進之勢力」という題で演説した。会主は千葉県会議員の高梨勘兵衛である。二一日は平塚村の常福院で「地方自治」について演説し、聴衆は約三百人であった。二二日、横渚《よこすか》村の観音寺での演説会は、安田の演説によって会が中止解散となったため、小野の演説はなくなってしまった。二三日には天津村の日澄寺を会場に、学術演説会として開催され、小野は約四百人の聴衆に対し、二つの題（題名は不明）で演説した。二四日は広場村の湊舎での親睦会で二題を演説している。なお、いずれの日も、演説会の後には懇親会がもたれており、地元参加者との交流と親睦を深めている。

こうして一一月二五日、千葉遊説から帰京した小野は、二七日、今度は嚶鳴社の肥塚龍ととも

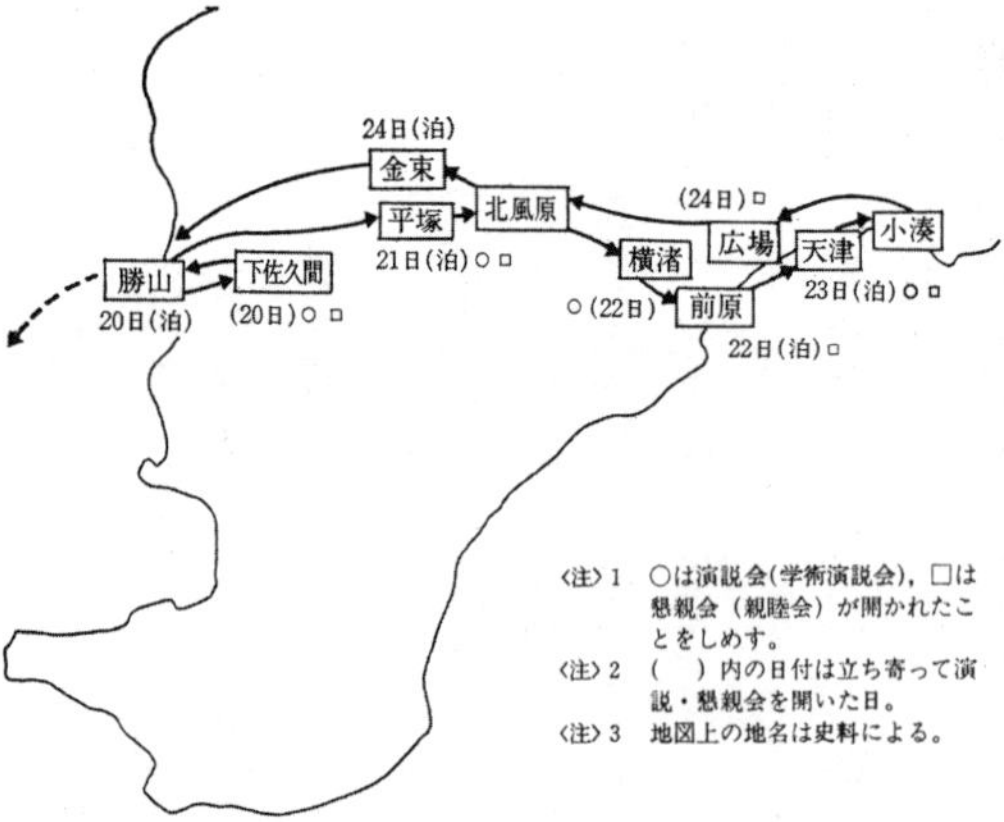

25　千葉県第1回遊説の巡路（『小野梓の研究』早稲田大学出版部）

に茨城県土浦町に赴いている。これは、一一月四日、小野を訪ねた同地の改進党員の要請によるものである。二八日、劇場鈴木座での演説会には、約千五百人の聴衆が集まった。

一二月には、五日から一〇日にかけて栃木県宇都宮町に出かけ、現地で東洋議政会の尾崎行雄と合流している。一九日は埼玉県岩槻町で嚶鳴社の島田三郎・大岡育造とともに弥勒寺での演説会に臨んでいる。

その後、翌一八八三年には、四月七日に横浜の湊座、一〇日には八王子町の大谷座で演説し、六月八日から一三日は、千葉県下へ第二回目の遊説に赴いている。さらに九月九日は埼玉県浦和町の玉蔵院、一五日は同県比企郡伊草村の金乗院で、それぞれ演説をおこなっている。

新潟・長野両県への遊説

一八八三年一一月四日から二三日、小野は吉田熹六とともに、新潟県から長野県にかけての長期遊説を敢行することになる。この遊説は、当初、上越改進党の党員有志の要請により、往復を含め五日間、新潟県高田地方に赴く予定だったものである。しかし、その後、長野県松代の有志からの要請があり、また、新潟・柏崎の党員などからも依頼があって、三週間にわたる遊説となった。吉田はこの遊説全体を振り返って、つぎのように整理している。[20]それによれば、政談演説会は七回で、毎会小野・吉田がそれぞれ二～四題を演説した。懇親会には一一回、学術・商業に関する集会には二回、それぞれ参加して、その席での演説は二十余に及んだ、という。

政談演説会の皮切りは高田町で、七日の大漁座での演説会には約千人、翌八日の大漁座での演説会にも千余人が集まった。一〇日、柏崎町の妙高寺での演説会には千五百人、一二日、新潟の湊座での演説会には約千五百人、一五日、新発田町の北辰館での演説会には約七百人と、いずれも大盛況であった。その後、柏崎町に戻って、直江津町、高田町を経由して、それぞれで懇親会などに出席したのち、一八日、長野県に向かうこととなった。

吉田熹六とともに新潟方面を遊説した小野は、一一月一八日の早朝、吉田とともに新潟県高田を発った。長野に着いたのは、すでに日があらたまった深夜の一九日午前一時。ようやく党員某の紹介で投宿した。

松代の人びとが迎えに来て、一緒に人力車を走らせて松代に入った。崎陽舎の懇親会には五十余人が集まり、夕方、海津座での演説会は三〇〇〇人の聴衆で大盛況であった。[21]

二〇日午後五時、屋代に着き、水遠山鳥楼で懇親会が開かれた（参加者は三〇人）。『信濃毎日新聞』（一一月三〇日付）は、要旨、当日の模様をつぎのように報じている。

この日はあいにくの雨天で、しかも急な催しなので、会員の来会はどうかと心配したが、午後六時の定刻には、改進党員、明治協会員、銀行や諸会社の役員、その他、重立たる諸氏が続々と来会して、四十余名となった。会場の正面には紅球灯が掲げられ、馥郁《ふくいく》たる菊の花が飾られている。会では、まず清水が立って、急遽、会を用意したので款待の準備が十分には整わなかった旨を述べた。これに対し小野は謝辞につづいて明治十八年以後の地租についての意見を述べ、また、吉田の席上演説があった。その後、会員はこもごも雄弁を鼓し、盃飛び、酒行れ、吉田を会頭にして討論を酒席で開いた。発言者の若林が「圧制ハ政府之ヲ行フ歟、将タ人民之ヲ求ムル乎」の論題で甲論し、乙駁し、おのおの雄弁を闘わせた。そのうえで可否をはかったところ、「人民之ヲ求ムル」に多数の同意者があった。そこで、なお一層地方の改良に尽力することに決した。こうして主客おのおの歓を尽して退散したのは、すでに十一時を過ぎていた。

この記事から、政治談議で大いに盛り上がっていた当時の様子がよくわかる。会の冒頭、挨拶に立った清水とは、清水類二のことで、小野らを囲む懇親会が開かれた一一月二〇日と翌二一日

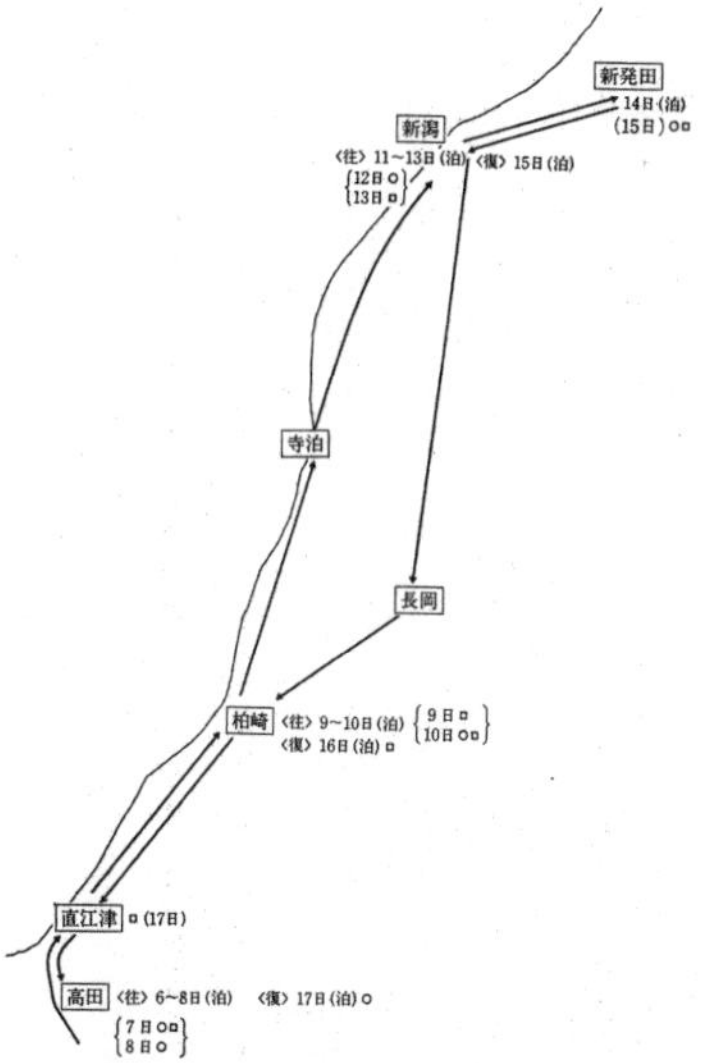

26-1　新潟県遊説順路（『小野梓の研究』早稲田大学出版部）

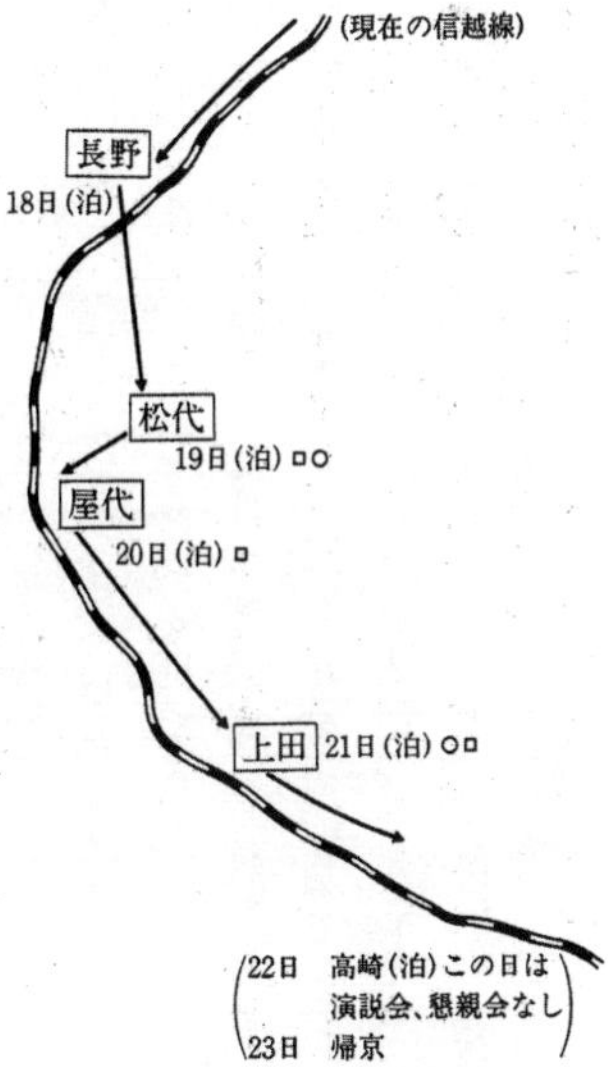

26-2　長野県遊説順路（『小野梓の研究』早稲田大学出版部）

の『信濃毎日新聞』には、「投書」として屋代町青年会での清水の演説筆記が掲載されている。そのなかで清水は、政府とは何かを論じ、これを立法・行政・司法の三つにわけたうえで、「小野梓氏著述ノ国憲汎論ニハ四大権トアレトモ」と注記している。小野が政権を四つに分け、独自の「四大官職」論を展開しているのは『国憲汎論』第一五章（前年一二月刊行の上巻に収録）である。『信濃毎日新聞』一一月八日付によれば、埴科郡屋代町の青年たちは青年会を組織して（会員五十余名）、月三回、討論演説会を開催しているというから、その研究討論活動のうえにたって小野を迎えたのであろう。この時発言した若林忠之助は、後年、「明治十五年頃は埴科郡も改進党に傾いて居た。屋代銀行などの関係で（中略）寧ろ改進党の組であつた」と回想している。[22]

小野は二一日、屋代を出発して、鼠駅に出迎えた南条吉左衛門とともに上田に着いた。上田での演説会は中村座で開催され、六、七〇〇人が参加した。その後の懇親会には、五十余人が出席している。そして、二二日、上田を出て、小諸・軽井沢を経由し、碓氷峠を越えて長野県を後にしたのである。

『長野県政党史』は上田地域の状況について、つぎのように説明している。[23] 長野県の改進党は、嚶鳴社と密接な関係がある。小県郡の南条吉左衛門は、明治一二年の頃から嚶鳴社の人びとと交わりを結んでいた。改進党が組織された明治一五年、前の駅逓総監前島密が上田の飯島七郎兵衛のところに来て、党勢拡張の相談をした。飯島は郵便局長で、直接、党勢拡張にはあたれないので、別所から南条を招いて前島に紹介し、南条が改進党のために尽力することになった。

この記述に依れば、長野県下の立憲改進党の組織化は、嚶鳴社との関係が端緒だったことになる。こうして長野県では、上田を中心として長野に至る千曲川ぞいの一帯に、改進党の地盤がつくられていくことになった。

政治理念・活動と揮毫

小野梓にとって、筆を揮って字を書くこと（揮毫）は、自信ある〝特技〟の一つであり、ある意味で性癖といってもよかった。(24) 自宅や立憲改進党事務所・東洋館書店（後述）を訪ねた人に頼まれて揮毫したり、遊説先で揮毫したりしている。とくに遊説の際には、遊説先の人びとの求めに応じて、膨大な数の書を、求められるままに、倦むことなく書いている。

たとえば、一八八二年一〇月の埼玉県の宝珠花遊説の際には、二六日、宿泊先の中島の求めに応じて数枚に揮毫している。一一月の千葉県遊説の際には、二二日平塚村で朝食後、宿泊先の主人の求めに応じて揮毫し、二三日前原村では、朝、訪ねてきた「地方之諸士」と話した際、求められて揮毫している。同日夜、天津では、宿の主人に頼まれて「望洋楼」の三字を書いている。二四日広場村では、親睦会の折、演説とあわせて揮毫している。二三日の揮毫について小野は、紀行文の「游房紀行」に、朝食後、有志が訪ねてきてしきりに揮毫を請うので、数十枚の紙に筆を走らせ、「請ふ以て余が名刺に替へん」と述べたところ、皆が手を拍って喜んだと書いている。[25] 小野にとって、揮毫は名刺代わりであり、地方有志との重要な交流手段だったのである。

遊説先で書いたものかどうか判然としないが、「明治十五年秋　東洋学人梓書」と記された書がある。立憲改進党結党の年、一八八二年の秋に小野が筆を揮って書いたのは、「採公議而為政随輿論而布治」(「公議を採りて政を為し、輿論に随いて治を布く」)である。それは、政治は公議と世論にもとづいて行われるべきだという政治理念の表明であった。また、同年一二月の書「従人心則盛　背輿論則衰」(「人心に従えば盛んになり、輿論に背けば衰える」)も、人心と世論を重視すべきであるとの基本精神を表している。一二月七日、宇都宮遊説の際、来訪した人びとに対して揮毫して一日を過ごしたと日記にあるから、この時のものかもしれない。

一八八三年四月、八王子に演説に赴いた際も数十枚揮毫し、六月の第二回目の千葉県遊説の時も、連日のように揮毫している。一一月の新潟県・長野県での遊説の折もまったく同様で、「随請随揮、殆到数十紙」「随索随揮、染数十紙尚未尽」「随乞随筆、染数十紙」「筆数十紙。随書随索、不知所止」「結束執筆、忽染十数紙」などと日記に記している。

実際、遊説先で小野が筆を揮うさまは、同行者も注目していた。新潟県・長野県への遊説に同行した吉田熹六は、遊説紀行「雪爪録」でつぎのように記している。[26] 一一月九日(柏崎・夜)、小野兄は諸氏の求めに応じて経済上の演説をし、筆を揮う。一〇日(柏崎・午前)、海辺を散策して帰ってみると、小野兄がまた健筆を揮っている。一三日（新潟・朝）、小野兄の手は朝から筆を放さない。一四日（新潟・朝）、小野兄は朝からまた筆を握っている。一五日（新発田・午前）、諸氏が来話し、小野兄は揮毫。一七日（高田・夜）、夜半、懇親会が終わって諸士とともに宿に帰り、膝を交えて飲み話す。小野兄は独り傍らで筆を揮い、一気に数十枚を書く。諸士が去ったのは午前三時。二〇日（松代・午前）、諸氏が来訪し、小野兄は毫を揮う。紙が積み重なってうずたかくなる。

このように、小野にとって遊説活動と揮毫活動は一体であり、得意の揮毫は地方有志と連携・連帯を深めるための手段であった。

3　解党問題と立憲改進党の再編

党員名簿廃止問題

一八八四（明治一七）年の年末、小野を襲ったのは、立憲改進党の危機である。しかも、それは小野の体調が最悪のときであった。

自由民権運動は、一八八一年から八二年にかけての高揚のなかで、政党という運動指導部を生み出し、政党を中心とする運動が展開されていった。小野もまたその一翼を担い、大隈を党首にいただく政党、立憲改進党の誕生に全力を注いで、掌事として党務万般の処理にあたるとともに、党勢拡張のために奔走した。

しかし、政府による抑圧・規制の強化と、運動内部の矛盾のなかで、党活動は困難に直面し、また、松方デフレーション政策の進行によって、政党活動の経済的な基盤もつきくずされていった。自由党は結党から三年目の一八八四年一〇月、解党を決定するに至る。このような政党活動の衰退傾向は、立憲改進党にも深刻な影をおとしていった[27]。

立憲改進党のなかで、一八八四年一〇月はじめ、党員名簿を廃止しようとする動きがおこってきた。社会状況が沈滞し、人びとの意識が沈滞しているから、この際、党員名簿を廃止して、広く同調者をもとめ、これと提携していくべきだというのである。立憲改進党は内規の第三条で、つぎのように規定していた。

党衆に加はらんとするものは党員三名以上の紹介を要す。但掌事は其紹介を受け、之を党衆の名簿に登録し、月次会に於て之を党衆に報告すべし。

党員は名簿に登録されることによって正式の党員となる。つまり、党組織としての形式を具体的に示すものが党員名簿であった。単に趣意書にうたわれた主義に同調し、賛同するだけでは党員となることができない。党員名簿が立憲改進党員を他の支持者一般から区別する組織上の要であった。名簿廃止論は、この名簿を廃止して、党員と非党員の区別をなくしていこうとする主張であるから、それは事実上の解党論にほかならなかった。

名簿廃止論は一一月下旬あたりから、本格的に強まっていったようである。主唱者は、副総理の河野敏鎌あたりだったらしい。掌事の牟田口元学が賛成し、前島密も同調する姿勢をみせていたとみられる。大隈の意向ははっきりしない。

これに対して、名簿廃止反対の立場をとったのは、鷗渡会グループと、郵便報知新聞社グループ（箕浦勝人・尾崎行雄ら旧東洋議政会系）・東京横浜毎日新聞社グループ（沼間守一・島田三郎ら旧嚶鳴社系）であった。名簿の廃止を提唱した旧官吏層に対して、反対の立場をとったのは、都市民権派といいうる人びとであった。ただし、都市民権派勢力のなかには、対応策をめぐって、つぎのような違いが生まれていた。

一一月二九日、立憲改進党事務所に集まった党員の間で、地租軽減の建議方針をめぐって、激しい議論があったらしい。名簿廃止に対して反対するメンバーが、名簿廃止論に対抗して、地租軽減の建白書を元老院に提出しようとする取組みを開始していたからである。二九日の集会でこのグループは、地租軽減建白書の提出を決定した。主唱者は島田三郎と箕浦勝人だったという。その建白書が実際に提出されたのは一二月一九日で、三二人が署名・捺印して名を連ねている。その顔触れは、新聞社員が犬養毅・尾崎行雄・箕浦勝人・島田三郎・肥塚龍ら一二人、代言人が角田真平・大岡育造・高梨哲四郎ら六人、その他、無職業を含めて一四人、であった。『郵便報知新聞』と『東京横浜毎日新聞』の新聞記者と代言人を中心とするグループによって推進されたのである。建白書は、社会状況が衰退し、経済活動が閉塞し、不景気で人民が疲弊を極めているとして、地租を減じ、国税をおさえ、地方諸税の税率を低くし、政府の経費を節約せよ、と主張していた。

このような報知・毎日グループ（旧東洋議政会系・旧嚶鳴社系）の動きに対し、小野梓をはじめとする鷗渡会グループは強く反対した。山田一郎は建議の主唱者の説得に走り、小野は病をおして大隈に手紙を書いた。二九日の集会では、岡山兼吉・高田早苗・山田喜之助が反対を主張した。小野の主張は、つぎのようなものであった。

地租軽減を本当に実現しようとするなら、元老院に建白したとしても、無意味である。参考のために留め置くという扱いをうけるにすぎないから、児戯に類するものだ。また、地租軽減を主張することによって党への支持を拡大しようとするのであれば、元老院への建白というのは、世間にありふれた行為だから、五〇人・一〇〇人程度の連署では、世間にアピールすることはできない。きちんと準備して、少なくとも三、四〇万人の同意を得、内務卿・大蔵卿に迫らなければならない。

小野はこのような理由から、元老院への建白に反対した。なお、小野は翌年五月、地租軽減の主張も含んだ「民間衰退論」を執筆して、山県有朋・伊藤博文に献策することを計画している。

解党問題の深刻化

一二月四日、山田一郎は小野に、河野・前島らがわが党を解散しようとして招請状を発し、明日、集会をもとうとしている、と伝えた。小野は、愕然としてしばらくは言葉もなかった。一体、どんな理由があって解党しようというのだ。そんなことをしたら後世の物笑いの種だ。小野はこう考えた。そして、山田に対し、大隈の意向をたしかめるように指示し、解党の不可と、明日の決定を延期するように主張した書面を認めて、山田に托した。また、前島の真意をさぐるように指示した。

五日、河野らが呼びかけた集会の当日、早朝に来訪した尾崎行雄に対し、小野はつぎのように言った。

総理が河野・前島の主張を認可したとしても、決して本心ではないだろう。総理をたずね、僕の本心を伝えて、総理自身に決心させてほしい。たとえ皆が去っても、梓はひとり改進の主義を唱えて、天下に立つ。

小野はこのように尾崎に伝え、尾崎は大隈邸に向かった。つづいて牟田口が来訪した。牟田口が解党説であることを知っている小野は、すぐには本心を述べなかった。やがて話がすすむに及んで、ついに小野はつぎのように言った。

我々は国家のためにこの党を結成した。そうやすやすと解党すべきではない。まして、一たび解党すれば、大隈重信は政事世界において死ぬのである。もし総理にそのつもりがないのなら、政事の鬼籍にのぼらせてはならない。僕は国家のためにこの非策に反対し、総理一身のためにこの自殺行為に反対する。

このように小野は、解党に強く反対したのである。牟田口につづいて、山田一郎が来訪し、大隈の意向と前島の動静を伝えた。そこに箕浦勝人もやってきた。小野は、今日の集会を無効の集会にしてほしいと箕浦に要請した。

五日の相談会では、出席者二〇人のうち、七人以外は、みな非解党説だったと沼間は書いている。当日の会議の模様を小鷹狩元凱《こたかりもとよし》は、河野が解党説を主張し、沼間・尾崎らがこれに反駁したと、小野に伝えている。六日、小野はため息をつきつつ、つぎのように山田一郎に語った。

ことここに至り、醜態はおおうべくもない。諸氏はみな改進党があることを忘れ、解党を主張する者も、反対する者も、ともに改進党の主義を全うしようとしていない。この極に至っては、大息するしなかい。

このように小野は、解党論者にも、反解党論者にも、不満を抱いていた。そして、山田に意をさずけて大隈に伝えさせ、破綻を弥縫しようとした。解党を阻止しつつ、党分裂の危機を回避しようとしたのである。彼は、解党には反対しつつも、沼間ら反解党派の側に立って解党派を排撃することはせず、大隈の意向を解党反対にかためて、解党を回避するとともに、この問題をめぐって党が分裂することも回避しようとしていたといえる。その活動の中心は、党首大隈を説得することにあった。

沼間が大隈の立場を推測して、自分たちと河野その他の解散論の諸氏との間を調停していると記していたように、大隈は小野らと同じように、解党派と反解党派の調停をはかろうとしていたのであろう。

七日、鷗渡会グループの磯部醇・岡山兼吉・小川為次郎・高田早苗・天野為之・山田喜之助・山田一郎の七人は、連名で大隈に意見書を提出した。山田一郎の筆跡である。山田らは、この意見書で、解党する正当な理由はまったくない、解党論者は様々な理由を述べているが、それは一時の口実にすぎない、彼ら解党論者の主張が実現すれば、立憲改進党は土崩瓦解してしまう、と主張した。そして、大隈に対して、曖昧な態度をすてて断固決断を下し、不当な解党の動きを鎮定するように、繰り返し繰り返し要請した。

同じく七日、山田は小野に大隈の返答を伝えた。それによれば、今日、河野・前島と会って相談するが、自分の考えは近日中に小野を訪問して直接に語るつもりだ、とのことであった。これを聞いた小野は、自分が改進党に尽くすゆえんは、総理に尽くすゆえんであり、ここに尽きる、と考えた。もはや大隈の来訪を待ち、その意に従うほかはない。

八日から一一日までの四日間、小野は何ら積極的な動きを示すことなく、ついに一二日、大隈の訪問をうけた。そして、二時間にわたる対話の末、ついに解党を決意するに至った。大隈の意向に期待を寄せ、終始その意を解党反対に向けるべく努力してきた小野も、もはや大隈の意が解党に固まって動かしがたいことを悟ったのであろう。ここに党首脳部、すなわち大隈・河野・前島と三掌事（小野・牟田口・春木）は、解党へ向けての具体的な動きを開始することとなった。一三日には、小野と牟田口が解党の順序を相談している。一七日、大隈と河野は連名で脱党届を提出した。

立憲改進党の再編

一方、一二月二一日、報知・毎日グループを中心に、党組織の堅持を主張する党員五四人が党事務所に集まって、臨時会を開き、総理と掌事を廃止すること、仮事務委員七人を置くこと、翌年二月に全国大会を開くこと、を決定した。この臨時会で仮事務委員の任についたのは、毎日グループの島田三郎・角田真平・沼間守一、報知グループの藤田茂吉・尾崎行雄・箕浦勝人、旧修進社系の中野武営の七人であった。名簿廃止＝解党への潮流は、反解党派の強力な反対によって阻止され、この党内分裂の過程で党指導部は退陣して解党派とともに脱党し、党運営の主導権は反解党派に移ったのである。

この日の臨時会の議論の際、参加者から「掌事牟田口ハ除名シタルモ、未タ小野・春木カ在レハ更ニ全党員ノ議決ヲ経ル迄事務委員ハ要セサルベシ」といった発言、「春木ハ警察署ニ届出サルモ既ニ除名ヲ申込シ、小野ハ余カ名ノ必要ナル迄ハ除名セズ、不必要ニナリタルトキハ除名スルト、這《これ》ハ入脱党ノ届出ニ掌事ノ名ノ必用ナレバナリ」といった発言があったらしい(28)。

修進社系の立憲改進党の中心メンバーで解党派の中心人物である河野はすでに脱党し、牟田口・春木も除名になったとすれば、本章の冒頭で紹介した新資料21-3にある後藤の除名もこの解党騒動に連動したものと考えるのが自然であろう。そして、除名通知が小野単独で発せられた事情も、こうした解党・再編問題の帰趨と関係していると考えられる。

この日、小野は日記に、改進党の組織一変し、その旧にあらず、余のこれに尽くすゆえんの分、また終わる、と記し、掌事の任を辞したとしている。以後、小野と改進党との公的な関係は断たれた。

発展を期して心血を注ぎ、身を削るようにして奔走してきた立憲改進党。こともあろうに、これを〝見放す〟ことになろうとは。いや、身を引かざるを得ないことになろうとは。小野にとっては痛恨極りなく、想定だにしなかった事態だったに違いない。

（1）同資料については、木下恵太「〔資料紹介〕後藤雅信関係資料――立憲改進党およびその掌事小野梓に関係する党務資料」（『早稲田大学史記要』第四八巻、二〇一七年二月）を参照。
（2）立憲改進党の結党過程について、詳しくは大日方純夫『自由民権運動と立憲改進党』早稲田大学出版部、一九九一年、一五一～一六一頁、参照。
（3）薄田貞敬『天下の記者　一名山田一郎君言行録』実業之日本社、一九〇六年、六四～六五頁。
（4）市島謙吉「学園の恩人小野梓先生を憶ふ―六月十九日早稲田仏教青年会席上演説大要―」（『早稲田学報』第三七七号、一九二六年七月）。
（5）利遠が生まれたのは嘉永六（一八五三）年六月六日なので（東京都公文書館所蔵「貸付金書類　第四拾壱号　コノ部一　第四課」（六二〇・C五・〇四）の「小野梓　欧州留学中拝借金の件　小野墨・小野りを」に付載された「戸籍写」による）、梓より一歳年下ということになる。
（6）早稲田大学大学史編集所編『小野梓全集』第五巻、早稲田大学、一九八二年、三一八～三一九頁。
（7）以下、前掲市島「学園の恩人小野梓先生を憶ふ」。
（8）以下の具体的な経緯（とくに月日）は、小野梓の「留客斎日記」（早稲田大学大学史編集所編『小野梓全集』第五巻、早稲田大学、一九八二年、収録）にもとづく。
（9）高田早苗『半峰昔ばなし』早稲田大学出版部、一九二七年、七六頁。
（10）市島謙吉「自叙伝材料録」（早稲田大学図書館蔵）。

(11) 山下重一『スペンサーと日本近代』御茶の水書房、一九八三年、一六二〜一六三頁。
(12) 『小野梓全集』第五巻、八九〜九四頁。
(13) 以下、三田派については、大日方純夫「「明治十四年の政変」をめぐる大隈重信と福沢諭吉」(『福澤諭吉年鑑』五〇、二〇二三年一二月)による。
(14) 『小野梓全集』第五巻、一〇五〜一〇六頁。
(15) 『小野梓全集』第五巻、一一五頁。
(16) 大日方純夫「参議大隈重信の情報網」(『早稲田大学史記要』第五一巻、二〇二〇年)。
(17) 「明治政史」(『明治文化全集』正史編・上巻、日本評論新社、改版一九五六年、四三一頁)。
(18) 立憲改進党の組織構造について、詳しくは前掲『自由民権運動と立憲改進党』、一六一〜一六七頁、参照。
(19) 立憲改進党の地方組織化について、詳しくは前掲『自由民権運動と立憲改進党』、一六七〜一七五頁、参照。
(20) 『郵便報知新聞』一八八三年一二月一日掲載の吉田熹六「雪爪録」。
(21) 『信濃毎日新聞』一一月三〇日付は二〇〇〇人と記している。
(22) 丸山福松『長野県政党史』上巻、信濃毎日新聞社、一九二八年、一〇一頁。
(23) 同前、九六頁。

(24) この点について、詳しくは大日方純夫「〔資料紹介〕小野梓の書「民者国之本　吏者民之雇」――政治理念と揮毫」（『早稲田大学史記要』第五五巻、二〇二四年）を参照されたい。

(25) 『小野梓全集』第五巻、一一五頁。

(26) 『郵便報知新聞』一八八三年一二月五日、六日、七日、八日、一〇日。

(27) 以下、立憲改進党の名簿廃止問題・解党問題について、詳しくは前掲『自由民権運動と立憲改進党』、二六三～二七九頁、参照。

(28) 井出孫六・我部政男・比屋根照夫・安在邦夫編『自由民権機密探偵史料集』三一書房、一九八一年、三四四頁。

第五章　東京専門学校の開校と書店の経営

27-1　東京専門学校第１回卒業記念全校生徒と教職員
（早稲田大学歴史館蔵〈文化資源データベース〉）

これは、一八八四（明治一七）年七月二六日に撮影された東京専門学校第一回得業（卒業）記念の写真である。したがって、それ自体は目新しいものではないが、この写真を資料という観点から解読してみよう。

最前列には、胡座《あぐら》や片膝、腕を組むなど思い思いの格好で七人が座っている。その後ろには二四人が立っているが、腕まくりをしたり、握りこぶしを腰にしたりなど、なかなかに勇ましいというか、不敵な雰囲気が漂っている。さらにその後ろに一二〇人ほどがいる。これらも学生のようで、ほぼすべて袴姿の和装である。一番うしろ、木と木の間、校舎の入口あたりにも十数人おり、洋装の人物もいる。

この写真には卒業した一一名だけでなく、在学生・教職員も含めた一七〇人近い人物が写っている。バックは二階建ての木造洋館で、開校時の校舎である（現在、グリーンハウスとして軽井沢セミナーハウスに新築復元されている）。

この日の小野梓の日記を見てみよう(1)（漢文による記載を現代文に直した）。

早く起き、洋装して早稲田に赴いた。諸員を監督して得業証書授与式の準備をした。正午、学生等と撮影した。諸人が集まったので式場を開いた。監督の山田一郎が開校以後の沿革を報告し、校長が得業証を一人一人に授けた。政治学科を修めた者四人、法律学科を修めた者七人である。授与が終わり、校長が学生の前途を祝い、学生がこれに答えた。次に余が壇に登って、得業生の履歴を述べ、それぞれを紹介した。岡山兼吉・中村正直・高田早苗・前島密が相ついで登壇し、祝詞を述べたり、演説したりして、式を終えた。その後、来賓を大隈氏の別荘で洋食によってもてなした。また、これとは別に料理を用意して、在校生を饗した。宴たけなわの頃、数発の花火が天を轟かせた。夜半に至って客は去り、余もまた家に帰った。この日、緑の葉で円門（アーチ）を造り、「東京専門学校」の六文字を書いた額を飾った。この日は非常に暑かったので、木盤に氷の塊を盛って涼しくしようとした。

小野が学生たちと撮影したのが前掲の写真である。正面奥の校舎入口のところを拡大してみよう（27－2）。

27-2

木と木の間、右側の白の洋装が小野梓で、その左側にいるのが和服姿の高田早苗と大隈重信らしい。大隈は笑顔のようである。小野の前の和装の人は、校長の大隈英麿（大隈重信の養子）かもしれない。一年九ヵ月前、彼らはどのような思いでこの学校を開校したのだろうか。

式で山田一郎は、明治一五年一〇月二一日に開校した頃、生徒は八十名だったが、以後、次第に盛大になり、現在、在学生は二七一名になったと報告している。学生たちは、どのような抱負を抱いてこの学校に集まり、どのような学生生活を送っていたのか。彼らにとって、小野梓はどのような存在だったのか。

以下、開校の経緯とこの学校にかけた小野梓らの思いを探り、また、小野と学生との交流のさまを浮かび上がらせてみることにしよう。

1　東京専門学校の開校

開校の準備と開校式

小野梓の日記に、学校開設に関する記事が最初に登場するのは、一八八二年七月七日である。この日夜、小野は大隈重信を訪ねて「早稲田学校」のことについて相談した。一〇日、高田早苗・天野為之・山田一郎・岡山兼吉・山田喜之助・砂川雄峻《かつたか》ら鷗渡会メンバーは東京大学を卒業した。その後の二一日、大隈を早稲田の別荘（当時、大隈の本邸は、現在の千代田区役所あたりの雉子橋《きじばし》にあった）に訪問した小野は、来会していた河野敏鎌《とがま》・島田三郎・高田早苗ら数人と、「戸塚学校」や立憲改進党のことについて相談した。そして、二二日、「黌則」を執筆し、二四日と二七日には「戸塚学校規則」を校正した。学校開設が具体的な射程にはいってきたのである。「学校」の基本となる「規則」は、大隈・高田らと相談しながら、小野が起草していたことがわ

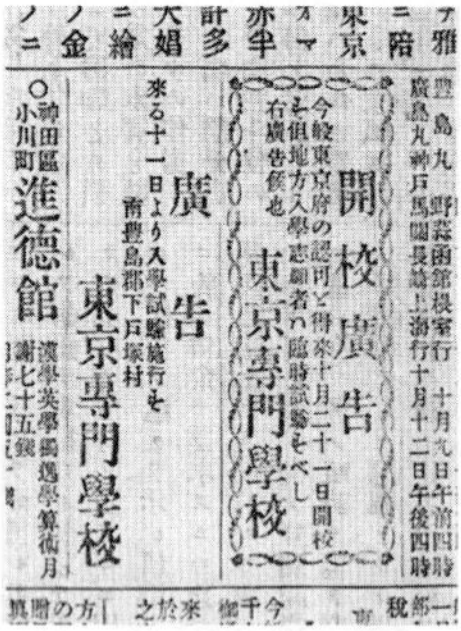
開校廣告
今般東京府の認可を得來十月二十一日開校
ス但地方入學志願者ハ臨時試驗をべし
右廣告候也
東京專門學校

廣告
來る十一日より入學試驗施行ス
南豊島郡下戸塚村
東京專門學校

○神田區小川町
進德館

28　東京専門学校「開校広告」・入学試験「広告」（『朝野新聞』1882年10月7日号、東京大学大学院法学政治学研究科附属 近代日本法政史料センター 明治新聞雑誌文庫蔵）

29　開校直後の東京専門学校付近（東京都新宿区教育委員会『地図で見る新宿区の移り変わり』戸塚・落合編、国立国会図書館デジタルコレクション https://dl.ndl.go.jp/pid/9643417）

かる。

こうして、七月、高田ら鷗渡会グループの東京大学卒業を待って、開校準備は本格化していった。「早稲田学校」ないし「戸塚学校」だった学校の名称は、八月二七日の小野の日記では、「東京専門学校」となっている。

「私塾設置願」を提出して東京府に設置の認可を申請しながら、小野らは開校の準備を進めた。九月一七日、小野は来訪した大隈英麿と学校のことについて相談し、一九日には早稲田に出向いて、大隈重信とともに東京専門学校の開設事務に従事した。そして、いよいよ二二日、東京専門学校の開設を新聞紙上で公告するに至った。28の図版は一〇月七日に『朝野新聞』に掲載された広告で、「開校広告」では一〇月二一日に開校すること、地方からの入学志願者には臨時試験をすることを告知し、「広告」では一一日から入学試験を行うことを知らせている。29の図版は、東京専門学校付近の地図で、開校の翌年、一八八三年のものである。上方に神田川が流れ、その下側には一面に畑や水田が広がっている。東京専門学校はそのなかにあり、右斜め上は大隈重信の早稲田別邸である。

国会開設の詔勅からちょうど一年後の一〇月一二日、雉子橋の大隈邸に在京党員が集まって宴会を開いた。小野は一四日、明治会堂で「外交論」を演説した（その内容については、第六章参照）。聴衆は約二千人で盛会だったと日記に書いている。そして、「東京専門学校開校之演説之料」にあてるため、小野はこの日から「教育論」の執筆に取りかかった。開校式で行う演説の準備に着手したのである。

一五日は立憲改進党の月次会（月例会）で、その折、小野は大隈重信と開校式について相談した。一六日にも、まず大隈を訪ねて相談した（内容は不明）後、諸事を処理し、帰宅後、「東京専門学校開校之詞」を執筆している。開校式当日、校長大隈英磨が朗読するための「開校ノ詞」の原稿であろう。つづいて一七日・一八日には「教育論」、一九日には「学問論」を執筆したが、いずれも小野自身の演説の準備で、当初は「教育論」として構想していたが、「学問論」に変更したと考えられる。

一九日は終日在宅して「学問論」を執筆し、翌二〇日、「学問論」を校正した後、大隈重信を早稲田の別荘に訪ねて、一緒に開校準備をした。仕上げた演説原稿（「学問論」）を持参して大隈に示し、その了解・確認を得たのであろう。こうして、大隈・小野は二一日の開校式を迎えた。

一〇月二一日、早起きした小野梓は、人力車を走らせて早稲田に向かい、大隈重信とともに開校式の準備にあたった。招かれた来賓は、一二時までに大隈の別邸に来集し、午後一時、講堂に着席した。

午後一時、式は始まった。来賓は、東京大学の外山正一・菊池大麓・モース、慶應義塾の福沢諭吉・小幡篤次郎、政界（立憲改進党関係者）の河野敏鎌・前島密ら、数十人である。ただし、大隈重信は出席していない。そこに、他の諸学校とは異なる東京専門学校独自の事情があり、また、それこそが東京専門学校の大きな特徴でもあった[2]。

まず、校長の大隈英麿が「開校ノ詞」を朗読し、そのなかで正科（「新主義ノ学」を学んで「早ク之ヲ実際ニ応用」する「速成ノ教授」）と、英語科（「深ク蘊奥ヲ極メ」るための原書教育）の二つの科を設けることを明らかにした。そして、これは目下の需要に供し、わが国に「学問ヲ独立セシムルノ地歩」をなそうとするからだと説明した。

つづいて講師の天野為之が演説し、東京専門学校議員（評議員にあたる）の成島柳北が祝文を朗読した。そして、小野梓が演壇に立った。

「学問の独立」と「一国の独立」

一国の独立は国民の独立に基ひし、国民の独立は其精神の独立に根ざす。而して国民精神の独立は実に学問の独立に由るものなれば、其国を独立せしめんと欲せば、必らず先づ其民を独立せしめざるを得ず。其民を独立せしめんと欲せば、必らず先づ其精神を独立せしめざるを得ず。而して其精神を独立せしめんと欲せば、必らず先づ其学問を独立せしめざるを得ず。

小野はこう弁じ、アジアの現状を見渡してつぎのように述べた。[3] 今、アジアで独立の体面を全うしているのは、日本と中国しかない。しかし、日本も条約改正などの問題をかかえており、また、強国がすきを狙っているから、安心してはいられない。このような時に独立の体面を全うするのは容易なことではない。「国民の元気」を養成し、「独立の精神」を発達させなければ、「帝国の独立」は期待できない。「国民の元気」を養い、「精神を独立」させる「永遠の基」は、「学問を独立」させる以外にない。しかし、日本では、古代以来、独立した学問によって子弟を教授したことはない。中国の文字を学んだり、英米の学制を真似たり、フランスの学風に似せたりしており、今はドイツの学を子弟に授けようとする傾向がある。このように外国に依頼していては、学問を独立させることはできない。

では、どうすればよいのか。小野はつづけた。今日、学問の独立をはかるためには、学ぶ者の

「障礙《しょうがい》」を取り除かなければならない。外国の文書・言語によって子弟を教授し、これによらなければ高尚の学科を教授することができないというのは、「学者講学」の「障礙」であり、「学問の独立」をはかる道ではない。こうして小野は、邦語（日本語）による教育をすすめるべきだと主張した。

この後、小野は、政治・法律の二学がとくに速成を要するのは、社会的に需要があるからであり、政治の改良、法律の前進が日本の重要な課題となっているからだと述べた。国会開設を控えた政治の現状、憲法をはじめとする法典整備の課題等が念頭にあったに違いない。

つづいて、「英学の一科」を設けた意味を、「本邦の学問をして其独立を全ふせしめんと欲せば、勢ひ深く欧米の新義を講じ、大に其基を堅くせざるべからず」、つまり、日本の学問を完全に独立させようとするなら、深く欧米の新しい道理を講義し、大いに基礎を固めなければならない、と説明した。

その上で、英語を採用した理由を、「独逸の学」「仏蘭西の教」と比較して、「人民自治の精神」を養成し、「活潑の気象」を発揮する点では、「英国人種の気風」を推さざるを得ないからだとした。少年子弟が自治の精神を養い、活発の気象を伸ばすのを嫌って押さえようとする者があるが、これは国を誤るものだ。「宋儒（中国宋代の儒学者）の学問」は中国と日本の元気を遅鈍にし、国を衰微させてしまったではないか。今、国家には課題が多い。少年子弟にますます自治の精神を養い、いよいよ活発の気象を発揮させるべきだ。そのためには、「英国人種の跡」に従う必要がある。しかも、理学の面でも、最近、アメリカ人が「蓄音の器」や「伝話の機」などを発明しており、「英国人種」の学問の優秀さは政治上にとどまらない。そこで、東京専門学校では、ドイツを捨て、フランスを顧みず、英書で教育することによって、「学問の独立」をはかろうとするのである。

小野がイギリスを評価するのは、イギリスの「国」としての優越性によってではなく、「人」のありよう、その精神・気象の特徴にあった。そこに、「一国独立」の基礎は「国民精神」の独立にあるという小野の考えをうかがうことができる。

小野の演説では、「学問の独立」は「国民精神の独立」、「国民の独立」を通じて「一国の独立」につながっており、その基本には、対外的な独立、とくに西洋世界に対する自立の要求があった。「独立」すべき「学問」として、まず位置づけられたのは「速成」を旨とする政治・法律の二学であり、また、英語教育であった。前者については、政治の改良、法律の前進という、当時の日本の現実的な課題が前提となっていた。後者の前提には、「人民自治の精神」と「活潑の気象」への期待があった。これらは、ともに日本を近代国家としていかに建設していくのかという、小野の基本構想と密接にかかわっていたのである。

また、この点で、小野は単なる「学問」にとどまらない実践的な意味・性格を学問に期待していたともいえる。小野の言葉を借りれば、「真正の学問」を教えて、これを「実際に応用」させることが、「本校の大目的」だったのである。

小野は「学問の独立」について、「一国の独立」は「国民の独立」は国民「精神の独立」に根ざすと論じ、さらに「国民精神の独立」を基礎をおき、「国民の独立」「学問の独立」によると弁じた。したがって、「国を独立」させるためには、「民を独立」させなければならず、そのためにはめには「精神を独立」させなければならず、そのためい。当時の小野にとって、「学問の独立」追求の課題は、「一国の独立」実現の課題と、深く結びついていた（第六章参照）。

小野の演説が終わった。奏楽が奏でられ、式は終了した。終了後、来賓をはじめとする参会者約五百人は、大隈の別邸で饗応をうけた。

東京専門学校に集まった学生たち

開校当初、東京専門学校の運営にあたったのは、校長の大隈英麿（大隈重信の女婿）、議員の鳩山和夫・小野梓（鷗渡会）・矢野文雄（東洋議政会）・島田三郎（嚶鳴社）、幹事の秀島家良、講師の高田早苗・天野為之・山田一郎・岡山兼吉・山田喜之助・砂川雄峻らであった。国家の建設路線でも、立憲改進党と東京専門学校とが重なっているのは言うまでもない。イギリスをモデルとした政治の改良・前進は、立憲改進党の基本理念であった。

新入生は八〇人で、一四歳以上二〇歳以下が六四人、二一歳以上三〇歳以下が一六人だった。出身は士族が三二人、平民農が四〇人、平民商が八人である。五七人が寄宿舎にはいり、通学者は二三人である。七割以上が寄宿舎生だったことになる。

一八八二年一〇月の創立とともに東京専門学校に入学した楢﨑（山沢）俊夫は、第一回の卒業生だから前掲の記念写真のなかにいるはずである。彼は二年前の入学試験時の思い出を、つぎのように語っている。(4)

明治一五年の夏、友人の書生八人連れで出京し下宿していた。秋風のそよぐ頃、東京専門学校設立の噂があったので、広島県の森田卓爾と相談して入学の問い合せに出かけようと思っていたところ、新聞に広告が出た。雉子橋の大隈邸にある東京専門学校仮事務所で入学手続の説明があり、二年級の試験を受けて見てはどうかと勧められたので、下宿に帰って試験の準備に取り掛かった。一年級の試験は気にかかるほどでもなかったが、二年級の試験科目のなかでは経済学がこれまでまったく知らないことだったため、急に二、三種の翻訳書を購って来て読んで見たが、十分には解らない。かれこれするうちに一年級の入学試験の日が来た。森田と二人で出かけたところ、一番広い教場にざっと一杯で、六、七〇人もいたろうと思う。翌日になって二人とも及第の通知があった。その翌日、二年級の試験を受けた。おぼつかない答案を出して帰ったが、同夜、二年級及第の通知があった。

こうして創立とともに二年次に入学した楢崎は、一八八四年七月、第一回の得業生として政治科を卒業した。卒業論文の題目は、「兵制論」であった。[5]

東京専門学校に集まってきたのは、どのような青年たちだったのか。創立当初の東京専門学校の学生の状況を、『早稲田大学百五十年史』[6]第一巻に即して見てみよう。

『東京専門学校年報 明治十五年度』に掲載されている表によれば、出身地で最も多いのは長野一九で、ついで埼玉一四、東京一三、新潟一三、千葉一一、広島一一、石川一〇、三重一〇、福岡一〇、静岡七、大分七、栃木六、長崎六、鹿児島五、山形五、などとなっている。全国各地から多数の学生が集まってきているが、やはり中部地方が七二、関東地方が五一と、多くなっている。なぜ学生たちは東京専門学校を選んだのか。

東京専門学校の魅力として、まずあげられるのは、日本語による速成教授である。また、学費も東京大学に比べればかなり安かった。当時唯一の大学であった東京大学では、基本的に英語で授業が行われていた。慶應義塾などの私立学校も、教える言語は日本語でも、用いる教科書は洋書が普通であった。

当時、新潟県から上京し、慶應義塾に入学していた広井一は、慶應義塾を退学して、開校したばかりの東京専門学校に移った。その理由を父親宛の手紙でつぎのように説明している。

先ごろ東京専門学校の規則を取り寄せて見たところ、時勢に適し、自分の目的にもぴったりだった。なぜなら、現在在学している慶應義塾は原書で政治学を教えているので、卒業するのに二、三年かかってしまう。原書を読んでばかりいてもあまり利益は大きくないと思う。東京専門学校はさまざまな書籍の良いところを採用して講義し、生徒はこれを筆記している。読むよりも書く方が心に記憶するので、この学校を二、三年で卒業すれば、学び得たことは残らず覚えているだろう。洋学で学ぼうとするなら英書科もあるので習うこともできる。

このような理由から、広井は慶應義塾をやめて、東京専門学校に移ったのである。

開校の翌年、一八八三年に学問への意欲やみがたく家出して広島から上京した早速整爾も、東京専門学校は原書が読めなくても先生がその訳を教えてくれ、それを書き取って勉強すればよいから一番楽だと言われて、政治経済学科に入学したという。日本語による教育、時間のかからない教育が魅力だったのである。

もちろん、学校そのものの魅力もあった。立憲改進党系の人間関係から学校に入ってくる学生も少なくなかった。開校一年目に政治経済学科に入学した和知（斎藤）和太郎は、当時、東京大学の予備門にいたが、大隈を尊敬して改進党に入った先輩が、大隈総理の建てた学校の方が東京大学より将来有望だと言って、立憲改進党の島田三郎を紹介してくれた。島田に相談すると大賛成だったので、東京専門学校の入学試験を受けたという。

多羅尾浩三郎も斎藤と同じように東京大学予備門を退学して、東京専門学校法律学科に入学した。彼は、東京大学の窮屈さ、官僚的臭味に対し、東京専門学校の自由さ、講師と学生の親密さを、大いに愉快に感じたと回顧している。

一八八三年に二五歳で政治経済学科に入学した上遠野《かどの》富之助は、秋田改進党の結成に参加して機関紙『秋田日報』の記者をしていたが、この新聞の主筆を務めていた犬養毅の紹介で、矢野文雄や尾崎行雄といった改進党系の人物と関わりを持つようになり、矢野の紹介で東京専門学校に入学した。

大隈・小野の理念や政治的姿勢に魅かれて入学した学生も多数いた。開校初年度に法律学科に入学した山田英太郎は、当初英語を研究する目的で上京していたが、偶然知人の紹介で小野梓に面会する機会を得たところ、その人格識見に心服し、東京専門学校への入学を決意したという。

開校二年目に法律学科に入学した渡辺亨は、薩長の権力者に向かって闘いを挑んだ大隈侯の力量に感じて入学した者ももちろんいるが、大隈の片腕となり、学校の中心として、諸講師から兄として師父として敬慕されていた小野梓先生の英風を慕って来た者も少なくなかったようだと回想している。

以上紹介したいずれの人物も、一八八四年七月の第一回得業式の時、東京専門学校に在学していたから、冒頭に掲げた記念写真に写っている可能性が高い。『早稲田大学百五十年史』第一巻には、負けん気が強く、ある意味で〝粗暴〟な初期の学生たちの様子が紹介されている。[7] この記念写真はそうした学生たちの雰囲気を彷彿とさせている。

東京専門学校と地方青年―青木濱之助の場合

一八八四年七月の第一回得業式の記念写真に写っていることが特定された学生がいる。倉島彰氏の調査によって判明した青木濱之助である。青木は倉島氏の母方の祖父にあたるが、倉島氏は家族写真の中の晩年の青木の風貌を手がかりにこの写真で、青木青年の姿を突き止めた[8]（写真は後掲）。以下、青木濱之助と東京専門学校の関係を、菊池紘一氏の研究などによりながら紹介しよう。[9]

青木濱之助は後年、「自分は長尾義俊等と共に一時改進党に入つたが、東京専門学校（早稲田大学の前身）が創立された其翌十六年三月同校へ入学し、当分郷里とは縁が切れてしまつた」と語っている。[10] 青木は、明治十五年以前から遊学したいと考えていた。明治十五年の秋、東京専門学校が設立され、同校が学生を募集していることを知った。そこで、同校の法律学科で学びたいと考え、遊学すべき地と、学ぼうとする学科が確定したので、その欲望はいよいよ激しくなった。こうして一八八三（明治一六）年一月一八日、青木はまず「傍聴生」として東京専門学校に入学届を提出した。後年、青木は当時をつぎのように回想している。[11]

青雲の志に燃えたといふのでせう。とにかく田舎にゐたでは碌な学問も出来ぬ。こいつア一番東京へ飛び出すに限る。さう思ふと矢も盾もたまらず、屋代の清水類二と国分寺の八日堂詣に出たまま東京へ出奔したのが明治十六年の正月でした。

清水類二については、小野梓の長野遊説と関わって第四章で言及した。傍聴生として入学した青木は、五月二五日、「本科生」に編入され、六月一日、寄宿舎に入った。当時の様子を、青木はつぎのように回想している。(12)

早稲田の前身である東京専門学校へ入りましたが、その頃は生徒がみんなで百数十名。朝から晩まで議論ばかりしてゐる。しまひには、大隈さんの悪口まで高々と聞えよがしにやったものです。

菊地氏が紹介している青木の「日誌」によれば、七月六日からは「第一学年卒業試験」で、まず、「欧米史五題（試者高田）」、翌七日は「契約法八題（砂川）」と「代理法五題（砂川）」、九日には「和漢文学試験孟子（前橋）」があった。「高田」は欧米史担当の高田早苗、「砂川」は法学担当の砂川雄峻、「前橋」は和漢学担当の前橋孝義である。また、この月、東京専門学校の「信濃出身之学生」の懇親会が神田万世橋近くであり、一三人が参加した。そして、「帰省」。青木は以後、そのまま郷里にいたらしく、「明治十六年十二月二十八日郷地出立上京ノ途ニ就ケリ」とある。そして、翌一八八四年七月二六日、在学生として得業証書授与式に参加したのである（青

27-3
デジタル画像処理により浮かび上がった青木濱之助
（『早稲田学報』2000年10月号）

27-3 東京専門学校第1回卒業記念写真・前列中央の枠内に青木濱之助がいる
（早稲田大学歴史館蔵〈文化資源データベース〉）

木は一八八五年七月、邦語法律科を卒業[13]。27-3の写真二列目の中央に立っているのが、倉島氏によって特定された青木濱之助である（左は写真のデジタル画像処理によって浮かび上がった青木濱之助）。一八六一（文久二）年生まれというから、二三歳頃の姿である。

その後、青木は一時帰省したが、その折のことをつぎのように回想している[14]。

翌十七年の夏休みに帰省するまへでした。何か村へのみやげ物がなくてはといふので小野梓先生を訪ねました。かねがね先生の条約改正論が当局の干渉のために出版も出来ずにゐることを聞いてゐたので「実は先生、それを見せていただけないでせうか」とたのむと即座に承知してくれました。私が帰省しますと、東京から帰ったといふので、村のものは私のために懇親会を開いた。会費はたった三銭。その席上まア滔々と小野梓の条約改正論のうけ売りをやったのです。

七月二八日の小野の日記に「有客、移漏」と記されているが、この「客」が青木だったのかもしれない。そして、この日午後、小野は外務卿井上馨を霞ヶ関の官舎に訪問して、条約改正について論じたのであった（「条約改正論」については、第六章で詳述）。

2　東京専門学校の小野梓

小野梓の科外講義

小野梓は、東京専門学校の専任教員ではないから、正規の授業は担当していない。しかし、科外の授業をしばしば担当していた。

一八八二（明治一五）年一一月六日の日記に、学校で学生に教授したと書いているが、講義の内容はわからない。一一月一七日、一二月一日には、地方遊説や党務処理の合間をぬって、「日本財政論」を教授し、二五日にも授業をしている。

一八八三年一月一八日には、東京専門学校で教授するために「日本租税論」を執筆し、二〇日は「日本租税論」の第一章を講義し、二二日も「日本租税論」を講義した。二五日は、前年末に上巻を刊行したばかりの「国憲汎論」について講義し、以後、木曜日と土曜日に定期的に講義することにしている。小野は「国憲汎論」の続きの執筆・校正をしながら、一月二七日、二月一日、「国憲汎論」について講義し、三月から五月には、基本的に、木曜に「国憲汎論」、土曜に「日本財政論」を講義している。そして、「国憲汎論」の講義は六月一六日までつづき、「日本財政論」の講義は六月二八日をもって終了している。

小野の講義をうけた広井一は、つぎのように回想している[15]。まず、学校に来る時の小野の様子から—

> 私の東京専門学校へ入学した翌年、即ち明治十六年から、小野梓先生が日本財政論の講義を受け持たれた。先生は病身ながら学校には始終参られた。学校で昼飯など摂《と》られた。何時《いつ》も人力車の中でパンを齧《か》ぢりながら書見して登校せられた。

小野の「日本財政論」の講義ぶりは、つぎのようであった。

> 講壇に立たるゝや、雄弁滔々口を突いて出て、学生をして思はず快哉を叫ばしめられた。財政論と云ふても学理許《ばか》りでなく、先生が会計検査院長（ママ）として政府の枢機に参与し、日本財政の基礎を大隈侯を補佐して定めたお方丈けありて、実際政治に触れて其大綱を説き、政治を談ぜらるゝので非常に有益に、極めて趣味多く感じた。私共と先生の講義を共に聞いた同級生は二十七、八名あつた。

一方、「国憲汎論」の講義を学生たちはつぎのように聞いた。広井一の回想である。

先生は科外講義として在学生全体を講堂に集め、先生の大著国憲汎論を講義せられた。「大凡ソ天地間ノ物〔略〕固《もと》ヨリ偶然ニ出ヅルニアラザルナリ」との冒頭より説き起して、次第に論歩を進め玉ふや思はず禁を破りてヒヤ〳〵を絶叫し叱られた学生も多かった。先生が勤王と立憲政治を結び付けて論断せらるゝ時などは、学生も泣き先生も泣くと云ふ実に非常なる感動を与へられた。

同じ「日本財政論」の講義を、山田英太郎はつぎのように聞いている。(16)

或る日、日本財政論の講壇に歳計予算決算の学理と適用とを演述し、国会の要義を説かれ、講説の余緒、会計検査院の事に及び、一例話を挙げて、「予が往年会計検査院に在職して、北海道開拓使庁の会計検査に赴くや、長官某は二三棹《さお》の長持を提指し、領収書類は蓄へて此に在りと云ふ。蓋《ふた》を開て之を検せんとすれば驚くべし、書類は実に乱雑に把束して詰め込まれ、毫《ごう》も整理しあらざるなり。此の如きは到底会計の厳正を期すべき所以にあらざるのみならず又検査をするに由なしと断言し、長持に封印して帰院したることあり、記帳を為すに非ずんば曷《なん》ぞ会計の厳正を期すを得んや。」とて（以下略）

このように小野は、開拓使官有物払下げ事件の渦中の体験を引きながら講義した。そして、数字は「天下経綸」に密接に関係しているとして、国が数字を重んじなければ国は必ず亡びる、立憲の国民は数字の民人でなければならない、と論じたのである。

ヤング・イズ・ホープフル

小野の講義は「日本財政論」「国憲汎論」だけではなかった。山田はさらに、小野の講義（というより演説）が学生たちの勉学姿勢に大きな影響を与えたことを、つぎのように語っている(17)。

常に学問の独立を主張せらるゝと同時に教へて曰く、「我が国の憲法政治は此独立的学問に依りて教育せられたる青年に待たざるべからず、ヤング・イズ・ホープフル、青年是れ多望なり、斎《ひと》しく邦家の為めに前途の期望を荷ふ。ノーレッジ・イズ・パワー、世界正に識《しき》、是《こ》れ勢力の世界なり、今の青年たる者、須《すべか》らく自敬自重、身を修め学を研き、以て此の識是れ勢力の競争場裡に馳騁するの戦備を為さざるべからず。」と。是等の教訓に鼓舞激励せられて、学問に世務に益を得たる者亦実に少なくはないであらう。

小野の演説は、学生の勉学心を鼓舞しただけではない。彼らの血をも沸かせた。同じ演説を聞いた高山圭三は、つぎのように回想している(18)。

先生は時々、臨時に政治、経済の演説をなされたるが、彼の天神髯を振り回して其熱力ある雄弁の演説は、実に一般学生を生悦《よろこ》ばしめた。今でさへ私の記憶して忘れざるは先生が曾て「ヤング、イス、ホープ」（Young is hope）と云ふ題にて、青年に対する期待演説をなし、米国に於ける青年の意気等を上手に述べられたる時の如き、若き学生の血を沸かしめた。左れば当時の学生間には先生の演説振を真似するもの少なからず、寒中にても朝早く寄宿舎の茶畑にて「デモステニース」を気取りて演説の稽古の為めに独り演説をなす者ありたるは珍らしからぬ事でした。

「デモステニース」とは、古代アテネの雄弁家として知られるデモステネスのことである。森田卓爾（前述の楢崎俊夫の回想のなかに出てきた森田である）は、小野の講義ぶりについて、つぎのように回想している。(19)

小野先生の講義は丸で政談演説のやうだ。財政の原理などはそち除《の》けで、盛んに政談をせられる。かういう風にして、学生の気風を政治弁論に導かれたのは実に非常なものである。

広井も山田も高山も森田も、卒業したのは一八八五年だから、前年七月に撮影した記念写真に写っている可能性が高い。

学生たちの空気と立憲改進党

日常的には高田早苗・山田一郎ら立憲改進党の鷗渡会グループの理論家・実践家の講義をうけ、時として立憲改進党の指導的な幹部、小野梓から「国憲汎論」「日本財政論」（のちに「条約改正論」も）の科外講義をうけた学生たちが、その思想的な影響を受けないはずはない。そして、政治的に実践化していったとしても不思議はない。広井一が語るつぎのような回想が、おそらく当時の実態にもっとも近かったであろう。[20]

東京専門学校は改進党士の養成所だの政府反対者の製造所だのと、かれこれ世評を蒙つたが、何も学校で、かかる主旨を以て教へる訳は勿論無い。而し何分創立者の名を聞いても、科外講演者も、又同校一部の教授等も、改進党員か、然らずんば、改進党贔負《ひいき》の人々であつた。従つて受ける感化は自然四囲の空気から、我々学生を改進党贔負と成らしめたのである。

広井とともに卒業した山田英太郎も、つぎのように記しており、当時の東京専門学校の雰囲気を彷彿とさせる。[21]

当時の此の学校は急進主義の先駆と目され、或は一部人は西郷の私塾に比した様な訳で、官憲の迫害は実に厳重を極めたので、却《かえ》つて血湧き、意気燃ゆる青年学生等は反動的に筵旗《むしろばた》を押し立て、または模擬の天下自由の筆などを振り翳《かざ》したり、或は縄襷《なわだすき》を綾なして運動会などに出掛けたこともあつた。

「運動会」とは示威行動（デモ）のことである。東京専門学校は、学問の独立を標榜し、政党との無関係を宣言したにもかかわらず、実態としては広い意味で自由民権運動の一翼を担い、政府の政治路線、教育路線と対抗しあう性格をもっていたといえよう。

3　東洋館書店の開業

良書普及のために

邦語（日本語）教育のためには、良書の出版・普及が不可欠である。東京専門学校における「学問の独立」にとどまらず、広く国民の「精神の独立」をはかるため、小野梓は東京専門学校開校の翌年、東京・神田に東洋館書店を開業した。

一八八二（明治一五）年一〇月二一日の東京専門学校の開校式当日、大隈別邸での饗応が終了した後、小野は帰途、立憲改進党事務所に寄って事務処理をし、さらに小川為次郎を訪ねて書店のことについて相談している。そして、一〇月二三日、一大書店を開業して党議を広げる手段にしようと考えて、書店開業のプランを起草した。しかし、立憲改進党の活動などに奔走していたためか、その後しばらく日記には書店に関する記載がない。ふたたび小野の日記に書店関係の記述が登場するのは、一八八三年二月末からである。

一八八三年三月四日、小野は大隈を訪ねて書店開業準備の開始について話し、その翌日、書店の規約（定款）を起草している。[22] 以後、小野は大隈と相談を重ね、その支援を得ながら、書店の開業を準備していった。三月三〇日には、大隈と相談して店舗の購入を決定し、四月四日には、洋書仕入れの手配をしている。その後も大隈と相談しながら、四月一九日、神田小川町一番地の

30　東洋館書店の商標（小野梓『民法之骨』上篇、東洋館、国立国会図書館デジタルコレクション https://dl.ndl.go.jp/pid/792113）

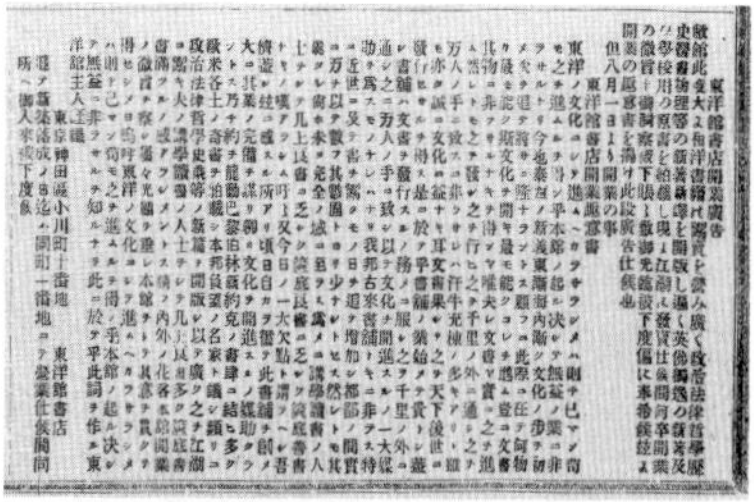

31　東洋館書店開業「広告」（『郵便報知新聞』1883年8月1日号〈マイクロフィルム版〉、早稲田大学政治経済学術院研究図書室蔵）

家屋の買入れを契約し、二四日、正式にこれを入手した。一方、四月二一日には、山田喜之助・高田早苗と著書・訳書の出版契約を結んでいる。

こうして店舗を入手した小野は、以後、連日、「書店」に出向いて準備に従事し、四月二八日から書店開業の趣意書（開業の詞）を執筆している。五月一日には店舗の改装がなり、四日、大隈と相談して店名を「東洋館書店」とすることに決め、「開業之詞」を書き上げた(23)。

文化を開き進めるためには、文書を万人の手に届けなければならない。そのためには書店が重要である。書店は文書を発行し、千里の外に通じ、万人の手に届け、これによって文化を発展させる大きな仲立ちとなる。今、日本では勉強し読書しようとする人たちが、良書がないと嘆いている。そこで、書店を創業し、ロンドン・パリ・ベルリン・ニューヨークの書店と契約して欧米の書物を輸入し、また、日本の有望な著者と相談して政治・法律・哲学・歴史などの新著を出版して、良書が満ちるようにしたい。

小野は書店開業の趣意をこのように書いた。そして、以後、ほぼ連日、頻繁にこの書店に出向いて開店の準備をすすめ、七月一六日には、鷹が「国旗」を握る図案の商標を決めた（図版30参照）。「進取」が「日本」を握るという意味をこめたのだと、小野はこの日の日記に書いている。

七月三一日には、四月初めに手配しておいた洋書が到着した。荷物をほどいて、店員と一緒に洋書を点検しながら徹夜で書棚に並べている。

八月一日、ついに神田小川町に東洋館書店が開業した（その後、同じ小川町に店舗を新築して一二月三〇日に移転）。

東洋館書店の経営

八月二日、小野は伊香保で避暑中の大隈に宛てた手紙で、つぎのように開業早々の書店の状況を伝えている(24)（現代風の表現に変更）。

昨朝から開店したところ、大変に具合がよく、今日の夕方には来客が詰めかけ、その中には、書店の仲間の者が続々訪ねてきており、争って買い取ろうとする状況なので、彼らの「買占」の「術」に陥らないように注意してなるべく謝絶し、やむを得ない者には少々値段を高くし、求めの十分の一くらいの冊数を売り渡すことにして、ようやく「陥術の患」を防いでおります。もっとも書籍がほかに比べて幾分廉価だということが書生の間に伝わったためか、五十余円の収入があり、開業早々、十二分の景気なので、このうえ一層勤勉につとめれば、必ず広く信用を得ることができると、ひそかに考えております。仲間の者が争って買おうとする様子や、書生の需要の模様などから、現在流行の学校用教科書の種類がほぼわかり、また、今日売却したため売り切れたものもあるので、明後日の船便で、多少の学校用の書籍と独仏の書を少々注文したいと思っております。世間の信用があるためか、昨日は定価に相当する金銭を渡して英書の注文をした人もいて、開業当日から縁起がよいと、「手代之者共」は皆大いにやる気になっています。

好調な滑り出しに喜ぶ小野の様子が目に浮かぶような手紙である。以後、小野の日記には、「東洋館に到り、終日掌執」「東洋館に到り、事を処す」といった記載が、俄然、多くなる。東洋館の仕事が活動の中心になったのである。その合間をぬって、東洋館で「日本財政論」などの執筆をつづけている。

小野は、東洋館書店の奥の一間の机で著述をしながら店を監督し、その日の勘定を自分で計算してから店を出た。それは、いつも夜更けに及んだ。晩飯はたいていこの書店で取り、パン一切れと牛肉一切れを火炉で焼くなどして食べていたという。(25)

小野は、欧米から図書を輸入し、また、出版販売することによって、テキスト・参考書を普及

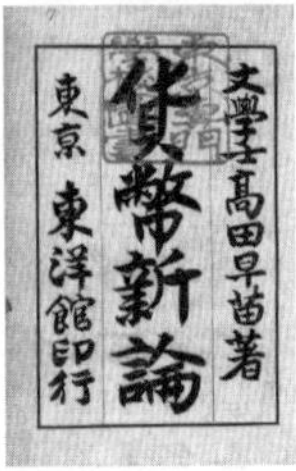

32-1
高田早苗『貨幣新論』
（早稲田大学図書館蔵）

32-2
天野為之『徴兵論』
（早稲田大学図書館蔵）

32-3
坪内雄蔵訳『該撒奇談
自由太刀余波鋭鋒』
（早稲田大学図書館蔵）

32-4
小野梓『民法之骨』上篇
（国立国会図書館デジタルコレクション https://dl.ndl.go.jp/pid/792113）

32-5
小野梓『東洋論策』第一冊
（国立国会図書館デジタルコレクション https://dl.ndl.go.jp/pid/783575）

し、さらに立憲改進党の党議の拡張をはかろうとした。東洋館書店からは、一八八三年一〇月の有賀長雄『社会進化論』を最初として、一二月、有賀『宗教進化論』、砂川雄峻『英米契約法』、一八八四年二月、高田早苗『貨幣新論』、天野為之『徴兵論』、五月、坪内雄蔵（逍遙）『該撒《シーザー》奇談』『自由太刀余波鋭鋒《じゆうのたちなごりのきれあじ》』、井上哲次郎・有賀長雄『哲学字彙』、六月、有賀『族制進化論』などが刊行されていくことになる。

東洋館書店は一八八四年一二月、小野自身の『民法之骨』上篇を刊行した。一八八五年三月には山田喜之助の『麟氏英国社会法』を刊行している。この時、小野の『東洋論策』第一冊も刊行された。しかし、これらが東洋館書店から刊行された最後の書物となった。小野の奮闘にもかかわらず、東洋館書店は厳しい経営難に直面した。そして、小野自身もまた、病気に侵されていったのである。

一八八三年九月、小野は七年前に『共存雑誌』に発表した「勧学の二急」を、以前書いたものなので、陳腐なところもあるが、今、とくに切実だと思うとして、『明治協会雑誌』に再掲した。「勧学の二急」で主張したことが、東京専門学校の開校（「後進の自学」）、東洋館書店の開業（「先進の著作」）と、密接に関係しているからであろう。かつて「勧学の二急」において宣言した二つの課題を、小野は自ら実践したのであり、学校と書店はいわば「勧学の二急」の実践編であったとも言える。「先進の著作」と「後進の自学」の二つを重点的に推進すること。そして、かつて「通常の教養を論ず」で主張したように、豊かな「通常の教養」を国民自身のものとすること。これによって、日本社会の根底的な近代化をはかり、日本の自主・独立を実現すること。それは、帰国以来十二年弱の間に、小野が全力で追求したことであり、彼が東京専門学校の開校に託したものでもあった。

（1）以下、小野の「留客斎日記」（早稲田大学大学史編集所編『小野梓全集』第五巻、早稲田大学、一九八二年、収録）を出典とした場合は、注記を省略する。

（2）大隈重信は前年の政変で「謀叛人」と見なされて政府を追われ、立憲改進党の党首となっていた。創立当時、政府筋や世上には、東京専門学校を「改進党の私立学校」「謀叛人の養成所」などと見なす状況があった。こうしたこともあって、大隈は東京専門学校の創立と運営を強力にバックアップしながらも、表に出ることを避けた。創立者であるにもかかわらず、東京専門学校の公式の儀式に出席するのは、一八九七年の創立十五周年の時が初めてである。創立以来、「早稲田」の役職についたことはなく、早稲田大学の総長になるのは、一九〇七年、憲政本党の総理（党首）を辞した後の、創立二十五周年の年であった。

（3）「東京専門学校」（早稲田大学大学史編集所編『小野梓全集』第四巻、早稲田大学、一九八一年、四六～五三頁)。
(4)『早稲田大学開校東京専門学校創立廿年紀念録』早稲田学会、一九〇三年、三三二～三三三頁。
(5)『読売新聞』一八八四年七月二九日の「東京専門学校卒業式」の記事による。
(6)早稲田大学百五十年史編纂委員会編『早稲田大学百五十年史』第一巻、早稲田大学、二〇二二年、一一三～一一九頁。
(7)前掲『早稲田大学百五十年史』第一巻、三二七～三三〇頁。
(8)倉島彰「祖父「青木濱之助」の記」(『早稲田学報』復刊第五四巻第八号、二〇〇〇年一〇月)。
(9)菊池紘一「草創期東京専門学校と信州の政治青年—青木家資料から・青木濱之助を中心に—」(『早稲田大学史記要』第三二巻、二〇〇〇年)。
(10)丸山福松『長野県政党史』上巻、信濃毎日新聞社、一九二八年、一八〇頁。
(11)『信濃毎日新聞』一九二八年一月の連載記事「国会への波紋、信州政界夜話」。
(12)前掲『信濃毎日新聞』「国会への波紋、信州政界夜話」。
(13)私は前著『小野梓—未完のプロジェクト』(冨山房インターナショナル、二〇一六年)で、この時、青木が卒業したと記したが(一六二頁、二九二頁)、訂正しておきたい。
(14)前掲『信濃毎日新聞』「国会への波紋、信州政界夜話」。
(15)広井一「私の在学した頃」(『早稲田学報』第四〇五号、一九二八年一一月)。

(16)山田英太郎「早稲田学風の源泉─小野梓先生─」(『早稲田叢誌』第二輯、早稲田大学、一九一九年)。
(17)前掲山田英太郎「早稲田学風の源泉─小野梓先生─」。
(18)高山圭三「こんな時代もあつた」(『早稲田学報』第三九一号、一九二七年九月)。
(19)西村真次『明治文化の開拓者小野梓』冨山房、一九三五年、一〇頁。
(20)箕輪義門編『広井一伝』北越新報社、一九四〇年、四七頁。
(21)前掲山田英太郎「早稲田学風の源泉─小野梓先生─」。
(22)「東洋館書店定款」(『小野梓全集』第五巻、一三〇〜一三一頁)。
(23)「東洋館書店開業広告」(『小野梓全集』第五巻、一三二〜一三三頁)。
(24)『小野梓全集』第五巻、二四六〜二四七頁。
(25)以上は、市島謙吉「学園の恩人小野梓先生を憶ふ」(『早稲田学報』第三七七号、一九二六年七月)による。

第六章

小野梓の「志」とメッセージ

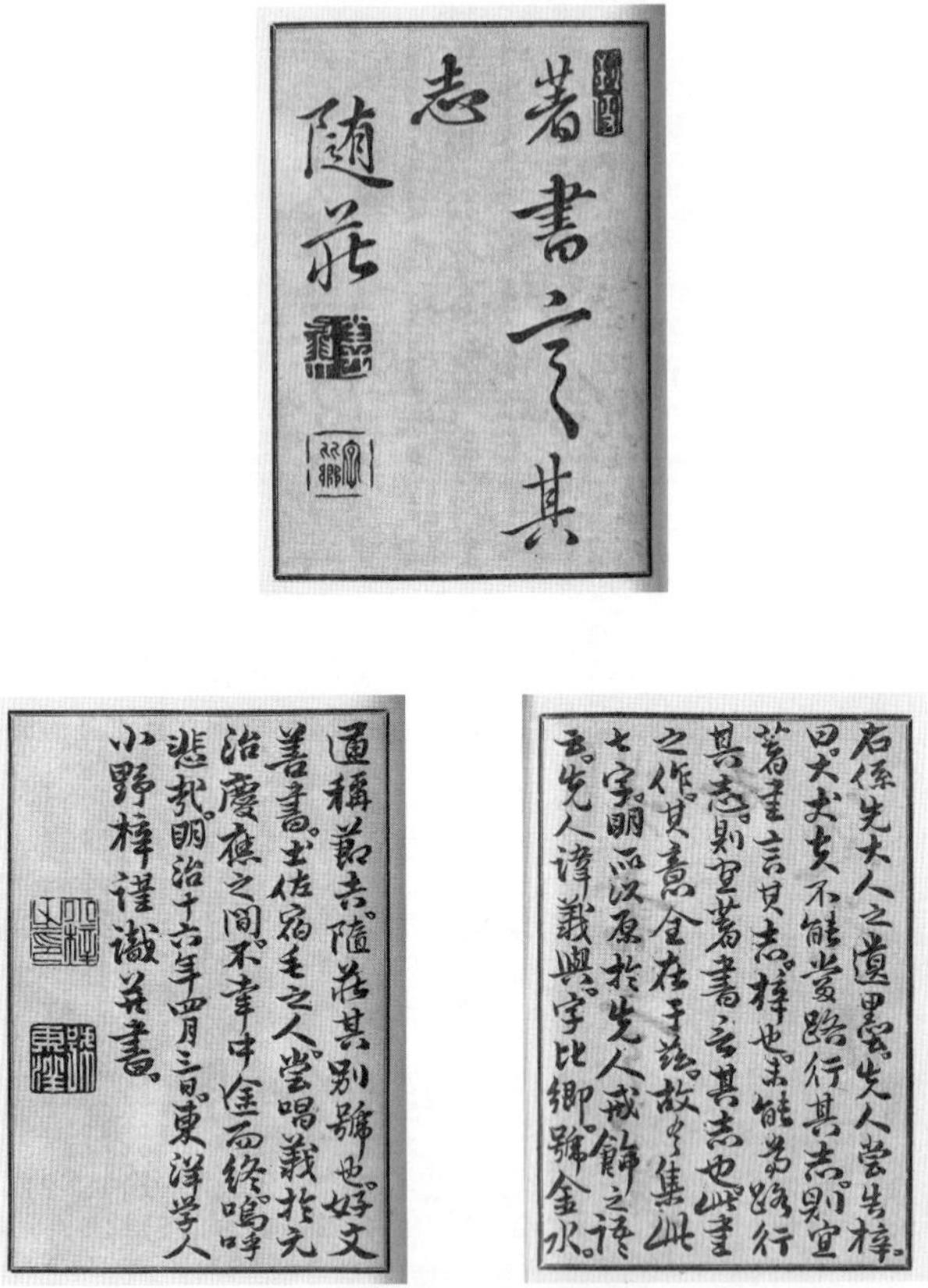

著書言其志 随庵

右係先大人之遺墨。先人嘗告梓曰、大丈夫不能當路行其志。則宜著書言其志。梓也未能當路行其志。則宜著書言其志也。此書之作、其意全在于茲。故書集此七字、冊而以原於先人戒飭之語云。先人諱義興。字比郷。號金水。

通稱節吉。随庵其別號也。好文善書。出佐宿毛之人。嘗唱義於元治慶應之間。不幸中途而終。嗚呼悲哉。明治十六年四月三日。東洋学人小野梓謹識并書。

33 『国憲汎論』中巻の巻頭
（『小野梓全集』第１巻 早稲田大学出版部）

一八八三（明治一六）年四月、小野梓は丸善書店から刊行した『国憲汎論』中巻の巻頭に、図版33のような言葉を掲げた。最初の「著書言其志」は父親節吉の遺墨で、「書を著しその志を言う」という意味になる。その後にあるのは、この本が父の遺言・遺志にもとづくものだという小野梓の説明文で、つぎのような大意である。

父はかつて私に、「立派な男子というものは、現実の務に当たってその志をおこなうことができできなければ、書物を著してその志を述べよ」と言った。私はまだ現実の務において志を実現できていないため、書物を著してその志を述べなければならない。この書を作る意味は、全くこれにある。そこでこの七字（遺墨の「著書言其志　随荘」を指す）を集めて、父の戒めの言葉にもとづくことを明らかにするものである。父の諱《いみな》（実名）は義与、字《あざな》（別名）は比郷、号は金水、通称は節吉で、随荘は別の号である。文を好み、書をよくした。土佐宿毛の人で、かつて元治・慶応の時期に義を唱えたが、不幸にして中途で終わった。ああ何と悲しいことか。

父が残した言葉が、小野梓を執筆に駆り立てていたのである。第一章で紹介した父の遺訓を思い起こしてほしい。小野梓は著書によって自らの志を表明しようとしていた。単なる学問のための学問、著作のための著作ではなく、そこには小野梓の実践的な願いが込められており、現実との緊張関係が強く意識されていたと言える。

小野梓は一八七六年秋に書いた「国憲論綱」をもとに、一八八二年一二月、まず、『国憲汎論』上巻を刊行した。ひきつづき一八八三年四月にこの中巻を刊行し、その一年半ほど後の一八八五年九月に下巻を刊行して、『国憲汎論』全三巻を完結させた。

上巻の巻頭には、「国憲論綱」稿本（和装本）の「序」とした自作の漢詩（七言絶句）の「待花」を再び掲げた。つぎのような詩意である[1]。

> 暖かくなりそうで、なおまだ寒く、季節の移り行きははかどらない。毎朝指折り数えて花の咲く時期を待ちこがれる。その時期はなかなか来ず、気持ちだけが先走る。だから、ここに墨田川春景色の詩を賦するのである。

「明治十四年の政変」を経て、「花」＝憲法を待つ思いは、いよいよ切実になっていたと考えられる。下巻の巻頭には、「あひ見むと　契ることは（言葉）のなかりせは　かはかり深くものは思はし」という自作の和歌を掲げた。憲法にもとづく立憲制への強い思いを歌に託したのである。では、小野梓は『国憲汎論』でどのような「志」を述べたのか。『国憲汎論』に込めた彼のメッセージは何なのか。

しかし、「著書言其志」は『国憲汎論』だけにあるのではない。小野梓は一八八五年五月、自らが経営する東洋館書店から『東洋論策』を刊行した。一八八二年に演説した「論幣制」「論外交」「論郵便」「論輸入之減少」「賀東京専門学校」という五つの演説筆記を収録したものだが、それぞれの題名を記した中扉には、すべて「丈夫不能当路行其志則宜著書言其志（録先大人義与公之語）」と印刷されている。「先大人義与」とは父親のことである。その遺訓をうけて、いかに小野が「志」を述べることを重視していたかがよくわかる。

教養・教育に関する小野梓の「志」は、第二章で共存同衆、第四章で東京専門学校・東洋館書店について論じた際、すでに明らかにした。この章では、社会のあり方、国家のあり方、国際関係のあり方に絞って、論文・著書に込めた小野の「志」を探り、彼の発したメッセージを読み解いてみることにしよう(2)。

なお、『東洋論策』に収めた「論幣制」は一八八二年五月、立憲改進党の基本政策を明らかにする大演説会で小野が担当した演説で、同党の「貨幣の制は硬貨の主義を持する事」を論じたもの、「論輸入之減少」は同年一一月、横浜の港座で行った演説で、横浜衰退の原因を論じたもの、「論郵便」は同年一一月、明治会堂で行った演説で、通信の自由の重要性を論じたものである。

そもそも小野は、留学に際しての主要な関心が法学にあったとはいえ、大蔵省官費留学生としてイギリスで理財・銀行のことを学び、一八八〇年四月から一年半にわたって会計検査院の検査官をつとめていた。そうした経験と蓄積を踏まえて、一八八三年夏から翌年にかけて「日本財政論」を執筆し、会計法を中心に国会開設後を想定した財政運営の構想を展開していた（第五章でみたように、東京専門学校で講義もしている）。また、一八八五年には「民間衰退論」を書いて、松方デフレ下で衰退する民間経済の原因を究明しようとした。

このように、財政経済論は小野の重要テーマであり、多くの論稿を残している[3]。しかし、ここでは論述の関係で割愛せざるを得ない。

1　社会はいかにあるべきか

ローマ法と日本社会

一八七五（明治八）年の暮れ、小野梓は英国のローマ法学者イ＝クイン博士から The Pandects: A Treatise on the Roman Law, and upon its Connection with Modern Legislation（一八七三年刊）を贈られた。彼はこれを適宜、翻訳・要約し、さらに「附注」をつけて、一八七六年、「羅瑪《ローマ》律要」としてまとめた[4]。

ローマ法は私法の宝庫といわれる。小野梓は、私人の権利・義務のあり方をローマ法に立ち返って研究し、civil law、つまり民法（人の財産や身分に関する一般的な事項を規律する法）の基本原理を解明しようとした。

「羅瑪律要」は、まず、「権理」とは何かを論じることから始まる。人びとの行動の基準となる取り決めには、行政が定めた法律と世論にもとづく慣習との二つがあるとして、各種の権理を分類・整理する。そのうえで、権理の主体である二種類の「人類」について論じている。

一つは、「天然の人類」、つまり自然人（natural person）である。自然人は、母の胎内から出生したときに始まり、死をもって終わる。こうした「人類」の相互関係について、身分、栄誉、信仰、性別、年齢、身体条件、親族・戚属、居所などにわけて、詳細に検討を加えている。

もう一つは、「法作の人類」、つまり法人（legal person）である。会社や団体など、法律上、個人と同様に権利や義務を認められる組織体は、法律にもとづいて生まれる。法人の種類、基本的性格、権理、成立と廃止、財物の継承などが検討されている。

権理の主体につづいて、「権理の賓」、つまり権理の対象となる「物類」が検討され、有形物と無形物、動産と不動産などの区別・分類を論じている。そして、最後に、権理の発生と消失を論じて、「羅瑪律要」は終わる。

小野は「纂訳」にあたって、不要と判断した部分を原著から割愛したうえで、原著をそのまま翻訳したり、要約したり、自分の解説を加えたり、原著の注を活用して「附註」を付けたり、自らの見解を「附註」で展開したりと、主体的な判断をもって随意に原著を改変した。自らの理論を展開した部分は、全体の約三分の一にも及ぶとされている。(5)

「羅瑪律要」の「附註」

小野が「附註」で何を論じたのか、『小野梓全集』第二巻の解題は、つぎの四点を指摘している。第一は、ローマの奴隷制に対する批判を日本の封建的な士族制に及ぼしていること、第二は、国教を定めてその信仰によって人を差別することに反対していること、第三は、公教育制度に反対していること、第四は、日本ならびに東洋の家族制度に反対していること、である。

第一について、小野は言う。奴隷は「物」とみなされて「権理」をもたない。このような「醜風」があるのは、社会にとって大きな不利益だ。奴隷の苦役は、少数の楽のために多数が苦しみ、富有を減らして国力を殺ぐという二点で、真利の大旨にもとっている。日本の士族も奴隷と同じで、廃藩前は、大名の家臣として主人に隷属し、身体・行動の自由がなかったではないか。士族＝奴隷という主張は、小野自身の体験に根ざしていた。第一章で見たように、小野はすでに廃藩前、自ら士族の奴隷的身分を捨て去って、平民となっていた。数年前のことである。

第二は、政教分離と信教の自由の主張である。彼は信仰によって人を差別することを批判し、国教を定めることに反対している。中世ヨーロッパやトルコの例を引き、ベンサムの所説も援用しながら、ローマ法に関する議論の範囲を越えて、「国教定置の弊害」を詳細に論じている。それは、明治維新以来、政府が進めてきた神道国教化政策に対する徹底的な批判だったといえる。小野は「国教を定置するは非政の非」だと「大喝」し、「切言」している。

第三の公教育反対論は、親子の関係から論じられている。小野は、つぎのように主張する。父が子に教えることを排除し、スパルタのやり方をまねて、政府の力で国内の子どもを教育しなければならないなどというものがいる。この説はたしかにもっともらしく聞こえるが、細かに吟味してみると、とんでもない議論である。徹底的に論破し、このような説を東洋に輸入することを阻止しなければならない。これは、多数の奴隷支配のうえに成り立つスパルタの「良民の子女」の教育に関するものであって、こんなことをすれば、社会の「大不利」となる。

「大不利」の一つは、父・子ともに害を被るという点にある。父が自分で教育し、かたわらで子に手伝わせれば、子は父の恩を感じるようになり、父は「天性の愛情」から「自から楽ん《（ママ）》で子を教育」するための経費を負担する。ところが、「共存教育の制」、つまり公教育では、父は「出費の苦痛」ばかりで、「使子の歓楽」がないばかりか、子が父の恩を感じることも薄くなり、他人視するようになってしまう。

「大不利」のもう一つは、親子関係、夫婦関係を弱くすることになるという点にある。子のことを一番よく知り、愛しているのは親だから、親が自ら教育すれば、その性質にあったものとなり、将来の生活の手立てを準備させることができる。「共同教育の制」では、子どもの性質を知り、それにあわせて教育することができない。さらに、夫婦が協力して子どもの教育にあたれば、夫婦の相互信頼関係を深めることになる。子どもを苦労しながら一緒に育て、その成長を楽しむことは、夫婦の絆を深めることになる。子の教育を他人に一任すれば、このような関係が弱まってしまう。

家庭教育を重視し、公教育を批判する小野の教育論は、一八七九年一二月、『共存雑誌』に発表した「強迫教育」でも展開されている。(6)

第四の家族制度については、男女両性の関係、夫婦の関係、親子の関係などが論じられている。なお、ローマの家父長制に対する批判はなされているが、日本の家父長権・戸主権に対する議論はなく、これは後年の『民法之骨』を待たなければならなかった。(7)

「男女の両性」については、注記して、イギリスに留学中、フォーセット夫人らの女性参政権に関する講演を聞き、また、ミルの「婦人隷属論」を読んだと書いている。当時、女性の政治参加を認めないのは「野蛮の遺物」として、女性の政治参加を求める「新説」が英米では盛んになっていたのである。ただし、小野はこの点に関しては、結論を保留している。また、家庭生活についても、夫の優位を認めている。

他方、婚姻については、当事者同士の自由意思によるべきことを主張し、父母による強制に反対している。また、妾を囲うことを厳しく批判し、一夫一婦制の原則を強調している。離婚については、東アジアのような夫の専権による離婚にも、カトリック教国のような離婚禁止にも反対し、慎重な手続きをとってなされるべきだと主張している。

民法論の構想

一八八四年の年末、『民法之骨』上篇を刊行した小野梓は、その序文で、この書は、明治八年に執筆を始めたが、途中、国憲汎論の著作に際して中止し、一五年に国憲汎論が出来上がったので、これを継続して、近日、ようやく原稿が完成した、と書いている(8)。

明治八年、すなわち一八七五年は、年末に The Pandects を入手して、「羅瑪律要」の纂訳作業に着手した時だから、あるいはこのことを『民法之骨』の執筆開始としているのかもしれない。いずれにしても、まず、小野が志したのは、民法研究であった。以後、小野はたびたび稿を改めたらしく、現在、一八八〇年七月執筆の自筆原稿（第一章に該当）や、他筆の原稿に小野が朱字で修正加筆した和装本（第一章・第二章に該当）などが残っている。また、全七章からなる『民法之骨』上篇のうち、五章分（第五章・第七章以外）は、一八八三年三月から八月にかけて、『明治協会雑誌』に連載されている。小野は、これらをベースにして、一八八四年七月以後、完成作業に着手し、病をはじめとする諸事に苦吟しながら「上篇」をまとめあげたのである(9)。小野の頭のなかには、中篇・下篇を含めた『民法之骨』全三巻の構想があったようだが、それは小野の死によって実現をみることなく、『民法之骨』は永遠に未完のままとなった。

『民法之骨』は、まず第一章で、総論として、法とは何か、国の本務は何かを、「人生の三大要事」との関係で論じ、「生存」・「富周」・「平等」の三つを保障する「保固」こそが、国の役目であり、立法の目的だとしている。「国憲論綱」で示した考えを発展させ、『国憲汎論』において定式化した小野の国家・法の役割に関する基本的な考え方である。法の目的は権利の保護にこそあるとしたうえで、民人相互の権利・義務関係を解釈・明示することが民法の目的だとする。

そして、第二章で権利と義務の関係について説明し、基本的人権にかかわる権利を、自主の権利（生存の権利、防身の権利、自由の権利、平等の権利の四つが含まれる）と、管物の権利（所有の権利、所用の権利、所持の権利）に二分している。これらの権利のなかで最も重いのが、あらゆる権利の前提となる生存の権利である。つぎに、特定の人と人との間で生じる権利を、契約・貸借関係など、家庭外の人に対する権利と、主従・親子・夫婦など、家庭内での権利に整理している。

「人」について、「羅瑪律要」では「天然の人類」（自然人）と「法作の人類」（法人）の二つに区分していたが、『民法之骨』第三章では、このような区分はローマ法の誤りだとしてしりぞけ、「一箇人」と「集同人」の二つに分けている。「一箇人」とは単独の人のことで、その生存は母親の懐妊によって始まり、これをもって権利の主体となる。「羅瑪律要」では母の胎内から出生したときに始まるとしていたが、これを改めたのである。堕胎も罪になる。他方、「一箇人」は死亡によって「終着」し、権利の主体が終わる。これは、「羅瑪律要」と同じである。なお、失踪・逃亡者や、災害によって一家が同時に死亡した時の扱いについても付説されている。

つづいて第四章で個人と個人の関係について論じているが、ここでは「羅瑪律要」と同様、「国教定置の非」を主張し、また、女性の権利などについて論じている。

第五章では家庭の制度や家族のあり方を論じているが、それに先だって小野が取り上げたのは、一国は一団の家族を基礎とすべきか、それとも一個人をその要素とすべきかという根本問題であった。小野は、要旨、つぎのように論じている。

前者は族長や戸主の類をおいて一家族を統治させ、これによって一国を組織するものをいい、日本やローマの古代の制度、および中国の今の制度がそれにあたる。後者は人びとそれぞれに自治させ、これをもってただちに社会を組織して、族長や戸主などの監督をうけないものをいい、近時の西洋諸国の制度はみなこれである。この二つの制度のどちらが社会のあり方に適合しているのか。奴隷を蓄えて組織する社会と、独立自主の良民によって組織する社会の強弱を比べてみれば、後者の方がまさっているのは明らかだ。たとえてみると、社会は布のようなものだ。しっかりした丈夫な布を織るためには、一本一本の糸を精選して強くしなければならない。奴隷から組織する社会は、不揃いな糸で織った布のようなものだ。奴隷はつねに主人に従属しており、社会のことは眼中にない。これに反し独立自主の良民からなる社会は、しっかりした糸で織った布だ。成人を一家のなかに閉じ込め、独立すべき人をおさえて族長の治下におくのは、奴隷を蓄えるのと同じだ。

このように小野は、戸主制度を廃止して、家族構成員の自由を縛るような社会を変えなければならない、と主張したのである。

第六章では「集同人」について、第七章では権利の対象となる「物」（物件）の種類や相互関係について説明している。

日本社会の組立を一変すべし

小野は一八八四年三月二五日・二六日の『読売新聞』の雑譚「民間百弊の一　父母の心得違ひ[10]」で、親が子に自らの養育を義務づけることを、つぎのように批判した。

> 蓋し東洋の風習として父母は是非とも子の供養すべきものなるを以て、子にして之れを忽《ゆる》がせにせば、惟《ひと》り不幸の汚名を免れざるもののみならず、父母たるものも亦た常に其の子に対して其の供給を討索すべきの権利を有するが如し。故に東人の恒に其の幼時に当つて子を鞠《きく》育《いく》・保護・教養するは、唯己れが老後の予備に充てんが為め之を子に蒔き付くるものなる様誤信し、未だ曾てその之を地上に産み堕したる義務を以て之れに従事する者なるを知らざるなり。

子どもを育て、保護し、教えるのは父母の職分であり、愛情にもとづくものなのに、子どもに貸したものとみなして、子どもに自分を世話するように要求するのは、道徳上、問題がある。また、子をたのんで安逸に流れ、無為に遊んで暮らすのは経済上、有害だ。このように小野は、子どもの時に世話をしたから、年をとったら父母の面倒をみろというのは、心得違いだと主張した。これは小野の一貫した主張であり、一八七六年の「羅瑪律要」の注記で提起し、一八七九年一一月にはこの雑譚とほぼ同じものを『共存雑誌』に掲載していた。さらに一八八三年七月には『明治協会雑誌』に掲載し、一八八四年一二月の『民法之骨』にも、「父母、子を恃むの悪弊」として引用している。

小野の基本的な考えは、社会の基礎を戸主の支配下にある家ではなく、独立した個人におこうとするものであった。一八八五年二月一〇日、『読売新聞』の雑譚で「日本社会の組立を一変すべし」として、つぎのように主張している(11)。

我が日本人民の常に不活潑にして進んで取るの気力なく、動《やや》もすれば卑屈未練の働きを為し独立自主の精神に乏しきは、大方の既に歎く所なれば、今更事新しく言ひ出づべきものに非ざれども、畢竟《ひっきょうか》斯くまでも不活潑にして進んで取るの気力なく卑屈自ら甘んじて独立自主の精神に乏しきは、我が日本社会の組立そのよろしきを得ず、慣習の久しき、知らず識らず此の悪風を養ひ来たりしならん。故に我が人民の活潑を希《こいねが》ひその独立自主の精神を揮《ふる》はしめ、卑屈未練の醜体を取り除かんとならば、是の悪風の製造元なる社会の組立を一変せざるべからず。

雑譚はこのように主張して、最近、世に出た『民法之骨』という本を読むと、その著者は第五章で一国社会の組み立てはその国の強弱・富強に関係すると書いているとして、その箇所を長文にわたってそのまま紹介している。

では、小野は日本社会の組立の何をどう一変すべきだというのか。小野は、一家族を一まとめにして支配し、一人一個の自由を縛るような社会を変えなければならないと主張した。そして、家のなかでそれぞれが自立し、独立し、「御頼み主義」を廃するようになれば、そのあり方は家の外にもひろがって、商売上でも、政治上でも、学問上でも、みな独立自主を貴び、知らず知らず「卑屈未練の奴隷根性」から抜け出すに違いないとした。小野の考えの基本は、個人を埋没させた家族ではなく、独立した個人こそが、家族の、そして社会の構成単位だという点にあった。一国の基礎は独立自主の個人にあるとしたのである。

2　国家はいかにあるべきか

憲法研究の開始

小野梓が日本に帰ってから一年ほど後の一八七五（明治八）年四月一四日、政府は漸次立憲政体樹立の詔を出した。天皇の詔というかたちで、時間をかけていずれは立憲制を導入することを宣言し、立法諮問機関の元老院、最高裁判所にあたる大審院、府知事・県令からなる地方官会議を置くことにしたのである。

その直後の四月二五日、小野はこれを大歓迎して、詔に対する自らの見解を「読詔余論」という論文にまとめ、五月から九月にかけ三回に分けて『共存雑誌』に発表した[12]。

彼は、まず、議院は一院制にすべきだと主張した。元老院を上院にあたるものとみなし、民間で高まっている「民撰院」設置の要求は下院を求めるものだととらえ、果して上・下二つの議院が必要なのだろうかと問いかけたのである。小野の結論は、一院の国会で議論すれば十分だというものであった。世上、上下両院が必要だと主張するものは、政権の均衡を平等にするためだとして、ヨーロッパのことを持ち出すが、これはヨーロッパの誤りを伝えて、改めようとしないものだと小野は批判した。ヨーロッパ人だって同じ人類なのだから誤りもある。きちんと利害得失を判断してから採用すべきだ。小野はこのような立場から、上院は「無益の長物」だと主張した。平時には政権の均衡をはかる必要はなく、変時にはかえって上院の権力を握ろうとして対立が生まれる。しかも、「民権」が軽いためにこの詔が出たのだから、官撰の上院を設置するのはおかしい、というのである。

こうして、小野はむしろフランスの一院制を「千古の卓見」だと高く評価した。ただし、フランスの失敗は選挙の方法に問題があるとして、普通選挙制度は批判した。

小野は「有限選挙」、つまり制限選挙を採用すべきだと主張した。では、何をもって制限の基準とすべきか。人びとの心の中の「品等」(つまりレベル)を他人が計ることはできないから、基準は外側の形式に求めなければならない。小野はヨーロッパの例を参酌して、年齢・財産・学芸の三つが区別の基準だとした。年齢は二一歳以上、財産については、とりあえず「国内の人民の三分の二が入ることを目安として、農・商工それぞれの基準を暫定的に定めてはどうかと提案した(地租改正が終わっていないので)。学芸については、法律の学士、陸海軍士官、文学に通じる者を想定しているが、まだ、日本の現状では無理だとして、学芸が進むのに応じて基準を定めるべきだとした。

こうして、小野は一院制と制限選挙を主張し、あわせて県治・県会のあり方に言及して地方制度論も展開している。

元老院の憲法起草と「国憲論綱」

「読詔余論」の発表から一年後の一八七六年五月、小野は「国憲論綱」の執筆を開始し、体系的な憲法論の研究と執筆に取り組んで、同年秋、これを完成した。一方、政府側では、同年九月、元老院に対して国憲編纂が命じられていた。以後、元老院では国憲編纂委員が欧米の憲法を研究しつつ、憲法案の起草にあたった。一八七八年一一月、小野は同郷土佐の先輩である元老院議官細川潤次郎に「国憲論綱」を浄写して提出した。[13] 一八七八年四月から一二月まで、小野は元老院の少書記官であった。当時、国憲編纂委員をつとめていたのは、細川と柳原前光《さきみつ》・福羽美《よし》静《しず》・中島信行の四人で、小野の「国憲論綱」は、細川から柳原・中島・福羽の順に回覧されたと推定される。第一章の冒頭で触れたように、中島信行もまた先輩格の土佐出身者であり、小野と旧知の間柄である。

　小野は「国憲論綱」稿本（和装本）の本文の前に、本章の冒頭で触れたように、「待花」と題するつぎのような漢詩を掲げて、憲法を待望する気持ちを、桜の花が咲くのを待つ思いに託した。

　欲レ暖猶寒節序遅　朝々屈レ指数二花期一　花期末レ到意先到　為賦墨江春色詩

「国憲論綱」は全七章からなり、このうちの第一章から第三章初めまでは、一八七九年三月から八〇年四月にかけて、七回にわたって『共存雑誌』に掲載された。[14] そこでは、国憲の意義と目的、政体、主権、国会、選挙制度などが論じられている。

　まず、なぜ憲法が必要なのか、国憲の意義についてである。小野は「国憲論綱」第一章の冒頭で、「国憲」、つまり憲法の本質は、「主治者」の「職分権理」を明示して、その「暴政非治」を防禦し、「被治者」の「安堵」をはかることにあると述べる。つまり、わかりやすく言えば、「役人の職務章程」であり、「主治者」と「被治者」の「約束」だというのである。「主治者」と「被治者」の関係は、人間の生存にとって最も大切なものであり、他のさまざまな法に超越し、「民権の存亡」はこの法のあり方に規定されている。「主治者」と「被治者」の関係は、「民人」相互の関係に比べれば、利害関係がきわめて大きい。国憲がなければ、多数の利益が少数によって侵害される。「主治者」が悪い考えをもって権力を弄べば、陸海軍・警察・裁判所は、「民人保護の器械」から「逞暴の器具」に変わってしまう。「被治者」は「奴隷」にされ、財産の所有はもちろん、生命さえ「自治」することができなくなってしまう。

日本立憲制の展望

小野は国憲の意義と目的をこのように説明したうえで、西洋と日本を比較し、日本には大いに目出度いことがあると述べる。つまり、西洋では一八世紀後半になっても「強族」が権力を弄んでいたため、「民人自治の心」を刺激することとなり、まず、アメリカが独立して初めて「編定の国憲」を定めた。つづいて、フランスの革命、スペインの立憲などがあって、西洋の政治の様子は、今日のように盛んになった。とくにイングランドでは、自治の思想が早くから進歩し、マグナカルタの後、次第に参政権を民人に分与して以来今日に至っており、成文の憲法はないが、その大体が被治者の頭のなかにきざみこまれ、主治者が権力を乱用できないようにしている。歴史書を見てみると、たいていは「主治者」の圧制にたえることができず、「被治者」が結合して

「腕力」を振るい、「主治者」と闘争して成就したものが多く、「十数条の国憲」を実現するために、大量の「鮮血」を流しており、「国憲」の「腥《なまぐ》」さは、遠く日本にも聞こえてきている。これが「醜態不祥」なことは、「識是《しきこれ》勢力の世界」から見れば、たとえるべきものがない。ところが、日本では最近、「狂暴の議者」がいて、自由は鮮血をもって買わなければならないなどと唱えるものがいる。これは、不平の私憤にたえられず、ことさらに過激な議論をするものに違いないが、いやしくもこのような「不祥の語」を唱えて、日本の自由も腥くしようとするものがあるのは、自分のような「真成に自由を愛する輩」にとって、きわめて不愉快である。ああ日本の人びとよ、汝の自由は鮮血を以て買う必要はない。腕力をもって争う必要はない。汝の識力を尽くして求めよ。このような「狂暴の議者」がいるにもかかわらず、日本の立憲の萌芽は、最も「美妙なる勢」をもってすでに発生してきている。

「立憲の種」は維新の前後、自由の思想とともに海外より来て、これを培養してわずか十年未満で萌芽を十分に出させたのは、明治維新の五カ条の誓文、廃藩置県の号令、漸次立憲政体樹立の詔、「議院憲法幷に規則」（一八七五年六月、地方官会議開催のために定められた）の詔、および「旧参議諸老輩の建議」（民撰議院設立の建白書）などの力による。これらが「立憲の種」を成長させる「肥料」となり、さらにこれに加えて、民間で刊行された『西洋事情』『立憲政体略』などの著述が、その萌芽を培養している。

こうして、日本では国憲が「主治者」の首唱で発芽し、「主被相依の力」によって成長してきているので、現在まで「温良」に成長してき日本の「立憲の萌芽」は、西洋のように「主被」が争い合い、鮮血で国憲を腥くする恐れはなかろう。

しかし、古今世界の歴史を見てみると、「主治者」と「被治者」があい投合することはまれで、乖離することが多い。したがって、今、日本に「主被相投の美」があるとしても、ずっとそうであり続けるとは限らない。そこで、この機会に困難なく国憲を設置して、その「美」を千年万年後に全うすることを切望する。

しかし、国憲が実際に行われるためには、「被治者」が「剛毅正直」で、国憲を「固執」する力をもつことが不可欠である。「主治者」が「被治者」に守らせるための他の法とは異なって、国憲は「主治者」自身に関するものなので、これを「主治者」に守らせるものがなければならない。それが、「被治者」の「剛毅正直にして国憲を固執するの能力」である。これがなければ、たとえ国憲を設置しても、「主治者」の権力乱用を防ぐことはできない。

これが小野の憲法論の核心であって、この主張は、やがて『国憲汎論』最終章の末尾に継承され、結実することとなる（後述）。

なぜ憲法が必要なのか

では、憲法を定める目的は、どこにあるのか。小野は第二章で、ベンサムの主張をひきながら、憲法を定めるのは、最大多数の最大幸福を実現するためだとする。小野に最も大きな影響を与えたのは、イギリスの思想家ベンサムの功利主義であった。小野はこれを敷衍して、国憲を設置するのは、「主治者」の「権理義務」を制限・確定し、これによって社会一般の「真利」をはかるためだと説明する。では、「真利」とは何か。「社会公同」の利益をいう。

「人生の四大事」は、「活度」（生存・生活）、「富周」（豊かさ）、「安固」（安全・安心）、「平等」（平等）の四つであり、そのなかでも「安固」が最も重要である。政治の目的は、この四つを出来るだけ高めることにあり、さまざまな法を定める根本的な目的も、ここにある。そして、この大目的を実現するためには、官職に人を得なければならない。したがって、官人の徳義、聡明、活発勤勉を向上させることが不可欠である。

この後、第三章では、代議政治の必要性を強調し、第四章では、「議政」（立法）・「施政」（行政）・「裁判」（司法）の三権分立論を批判して、この三権のうえに「治国の全権」をもつ「政本の職」を置くべきだと主張する。これは、小野独自の主張であり、「政本の職」にあたるのは、立法府の代議人を選任する有権者（平民）と、罷免する権限をもつ君主である。

第五章では、「読詔余論」と同様、一院制論を展開し、選挙制度についても、国内人民の三分の二以上に選挙権を認めるという制限選挙を主張する。なお、後述のように、『国憲汎論』（第一九章）では、一院制論を改め、二院制が適当だと主張している。

第六章では、国教を置くことに反対し、第七章では、賞罰は政治の要具なので、これを適正にすべきだと主張する。

「国憲論綱」と「憲法草稿評林」

近年、岩手県で発見された「憲法草稿評林」という文書が注目されている。これは、元老院の国憲案（一八八〇年七月起草の第三次案）を書写したものに、ある人物（下欄評者）が論評を加え、さらに別の人物（上欄評者）が、用紙の上の方の書き込みで、元老院国憲案と下欄評者の両方に論評を加えたものである。上欄評者・下欄評者ともに、それが誰なのかは諸説があって、確定されていない。しかし、最初に論評した下欄評者は、この文書の終わり近く、一院制と二院制の可否を論じたところで、「余友小野梓氏」は議会は一院で十分だという説を唱え、演説したり論文を著したりしていると書いている。小野は一八七八年に共存同衆の講談会（演説会）で「国憲論綱」を連続講演し、さらに前述のように「国憲論綱」の第一章から第三章初めまでを、一八七九年三月から八〇年四月にかけ『共存雑誌』に連載しているから、下欄評者は小野の友人で、しかも小野の演説を聞き、論文を読んで、小野の説をよく知っている人物ということになる。下欄評者の論評のなかには「長城氏」という名前もあり、これは中島信行のことである。

一般には知られていなかった元老院案を手にすることができ、しかも小野や中島の名前をあげることができる人物といえば、やはり元老院と関わりをもつ東京の言論人ということになろう。第三章で言及したように、一八八〇年末から翌年にかけ、各地では憲法研究の動きが起こっていた。そうした憲法研究の気運のなかで、東京における憲法研究のテキストが岩手県にも達し、それが同地での憲法研究の資料になっていたのではないかと考えられる。

なお、一八八〇年一二月、元老院は日本国憲按（第三次確定案）を提出したが、政府首脳はこれを日本にふさわしくないとして却下し、廃棄してしまった（一八八一年三月、国憲取調局も閉鎖）。

憲法研究の全面展開―『国憲汎論』

他方で、小野梓は一八八一年一月、憲法研究を本格化し、一八八二年一二月、まず、『国憲汎論』上巻を刊行した。彼は第一章「発端」の冒頭を、つぎのような印象的な文章で書き出している(15)（現代語表現に直して要約）。

天地間の物（自然現象）も、古近代の事（社会現象）も、止むを得ないときに必ず起こる。枯れ草も温かい気候になれば花を咲かせ、鬱蒼《うっそう》と茂った緑の樹も寒くなれば葉を落とす。声のない楽器も人が弾けば音を出し、音のない金属・岩石も人が撃てば声を発する。鳥が春の野原で鳴き、雷が夏の空で轟き、虫が秋の夜に鳴き、冬の暁に激しい風があるのも、みな止むを得ずして起こるものであり、偶然によるのではない。したがって、万物の引力、諸原素の化合も、みな止むを得ずして起こり、動物はこれによって運動し、植物はこれによって繁茂する。土石が山陸にあるのも、潮水が河海に流れるのも、空気を呼吸して生存するもの、水気を吸収して生活するもの、みな止むを得ず起こる。人間についても、夫婦・父子の親愛、友人・仲間の信頼、団体の成立、政府の組織など、止むを得ず起こる。

小野はこのように、あらゆる事物・現象は、すべて「止むを得ざるとき」に「必ず起こる」とみなした。ほとんど同じ文章を『民法之骨』冒頭の「引言」でも、『国憲汎論』を引用するかたちで使っており、小野の思想の根底には、事物の運動法則と必然性への確信があったといえる。そして、著作もまた、このような必然性をもって誕生するのだとした。すなわち、「天地必然の性理」が物理学の著書を生み出し、「天地諸物の埋合」が化学の著書を生み出すというのである。

『国憲汎論』は上・中・下三巻で、全四七章からなる。[16] 大まかにみると、上巻では総論的なテーマを扱い、中巻では議政官（国会）論を展開し、下巻では行政官・司法官をはじめ、国家組織上の諸問題を論じている。

上巻では、まず、第一章で国憲の意義とそれがコンスチチューション（建国法）であるゆえんを論じる。ここでは、『国憲論綱』で論じた立憲制導入における日本特質、すなわち平和的移行への期待が語られる。主治者と被治者の対立による流血（革命）を経て立憲制が実現した西洋とは異なって、日本では「主被相依」の関係から、平和的に、つまり穏健な改良路線によって立憲制が成立し得るという見通しを披瀝する。

したがって、第二章はその証明にあてられ、古代以来の日本の憲法史を紹介したうえで、とくに明治維新後の政府による立憲制導入のためのプロセスを詳述し、一八八一年一〇月の国会開設の詔勅に至る。上からの改革に期待を寄せる小野の主張には、一方で、上からの近代化（それには立憲制の導入も含まれる）をすすめる当年の日本の国家路線を評価する立場があらわれており、他方で、それは小野特有の為政者的な発想も垣間見せている。

つづいて第三章では、共和・貴族・独裁という三つの政体の特質を論じたうえで、君民同治の立憲君主制の採用を主張する。君主のもとで代議制を導入することがベストだとするのである。

さらに第四章では、「立憲の大帰旨」、つまり憲法を制定する目的や趣旨を論じ、「人生の三大要事」である生存・富周・平等を保障する安固こそが国家の任務だと主張する。『国憲論綱』では「人生の四大要事」として人間存在の重要事項を四つに整理していたが、ここでは安固が独立し、国家の役割がいっそう明確化（限定）されている。

以上の総論につづいて、第五章で国土の行政区画、第六章で主権、第七章で皇室典例などを論じる。主権論では、主権は国家にあるとする説を支持し、国家法人説（さらには天皇機関説）につながる立場を示している。

日本における「民権」――顕微鏡で見よ

その後、第八章から第一一章にかけて、四章にわたって「民人の自主」、すなわち基本的人権論が展開される。憲法を定める目的が安固、個人の権利保障にあるのだから、基本的人権論を重視し、これについて詳細に論じるのは当然である。人身の自由、居住・移転・通信・集会の自由、財産所有の自由、営業の自由、請願の自由、結社の自由を尊重すべきだと主張する。また、納税・兵役の二大義務について論じる。まとめれば、一一個の自由となる。これを憲法に列記して、保障をはかろうとしたのである。

第一二章と第一三章は、古代以来の日本の「民権」（人権）史である。小野は人権論を外来のものとして論じるのではなく、その源流が日本のなかにあると主張する。第二章の憲法史と同様な歴史的接近に小野の特徴はあり、単純な過去の否定・断絶ではなく、過去の継承・発展のうえに未来を構築しようとする立場、あるいは、変革のための内在的な力を発見しようとする立場を示している。

小野は第一二章「本邦古代の民権を溯源す」の冒頭で、「本邦の文明を論ずる者嘗《かつ》て曰く」として、つぎのように福沢諭吉の『文明論之概略』に批判を向けている。

日本の文明を論じるもの（注―福沢を指す）は、日本には古来、政府があって国民がない、被治者は主治者の奴隷で、全国の土地・人民は政府の私有物だと言った。しかし、本当だろうか。天下の事物には、その状態が微小で見えないため、絶無を疑わせるものが多い。しかし、それは肉眼の力が足りないからだ。何もいないように見える水でも、数百倍の顕微鏡で見れば、無数の微生物がいるのがわかる。日本の民権も、この水中の微生物と同じであり、見えないのは見る力が足りないからだ。

小野は、ないのではなく、見えないのだ、顕微鏡で見よ、と主張している。否定・克服の対象としての過去ではなく、過去に「民権」を発見し、これを発展させようとするところに、日本社会の変革を志す小野の立場はあった。

政権論の構想―「政本の職」

第一四章と第一五章は政権論・権力分立論の検討にあてられている。小野は、国家組織の原則として、単純な三権分立説を批判する。最高官である立法官のもとに、行政官・司法官をおくが、これら立法・行政・司法の三大官職のうえに、さらに「政本の職」をおくべきだと主張する。すなわち、立法官は選挙で選ばれることによって成立し、解散によって解消されるから、そのあり方を規定するのは、国会の選挙権と解散権にあるとして、これを「政本の職」と呼ぶ。小野独自の主張である。一八八三年、小野の長野県下遊説に先立って、屋代町の青年が演説でこの点に言及していることは、第四章で触れた。

「政本の職」については、中巻最初の第一七章で詳しく論じられている。国会を解散する権限をもつ天皇と、議員を選挙する権限をもつ人民こそが、政治の根本を規定するという考えである。また、第一八章では、議会の権力が発展してきた歴史を踏まえ、議会（立法）が行政・司法の上位にある理由を説明する。そして、第一九章では、「読詔余論」「国権論綱」で主張していた一院制論を撤回して、二院制が適当だと主張している。

そのうえで、第二〇章では上院について論じ、議員には実歴と才能に富む人をあてるべきだとする。貴族・富豪層からなる上院のあり方は否定されている。第二一章ではその選出方法について論じ、議院自らが選出する方法を提唱する。勅選方式の否定である。下院については、第二二章以下の五章で詳細に論じている。議員の選出方法については、制限選挙説を採る。「国憲論綱」以来の主張である。つづいて、議会の権限、会期、議事の公開、会議の運営方法などについて、詳細な検討を加えている。

下巻では、まず五章にわたって行政官のあり方を論じ、つづいて四章にわたって司法官について論じる。さらに、会計、軍事、地方政治などについて論じ、憲法の制定と改定の手続きについて検討したうえで、最終章（第四七章）の「立憲国民の具備すべき六質」に至るのである。

立憲国民はいかにあるべきか

死の三ヵ月前、『国憲汎論』を完結させた小野梓は、その最終章で「立憲国民」が備えなければならない六つの形質について論じた。

まず、第一に、立憲国民には独立自主の精神が必要である。立憲国民であることは、簡単なように見えるが、そうではない。立憲国民は自治の国民であり、自働の国民でなければならない。自分で動いて政治をつくっていかなければならないのだから、人に依頼する心を断ち切り、独立自主の精神を発揮しなければならない。そのためには、社会の組織を変えることが必要だ。小野はこう述べて、『民法之骨』で取り上げた糸と布のたとえ（前述）を引用しながら、社会の組織を一変して、一国の基礎を一個人におくべきだと主張した。

さらに、第二に、立憲国民は自分の出身地方や居住地域の利害にとらわれることなく、全国の利益を考えなければならないとした。「恋土の私情」を克服して、「愛国の公心」を養わなければならないというのである。すでに一〇年前、小野は帰国直後の日本の現実を前にして、「国民盍思之」（「国民なんぞこれを思わざる」）を書き、『共存雑誌』第三号（一八七五年三月）に発表して、強く主張していた。立憲国民は、地域利害を越えて一つになり、自らの国のことを考えなければならない。国民意識、つまりナショナリティーの養成が不可欠だと考えたのである。

第三に、立憲国民は多数が可とすることによって物事を決め、この決定を守る気風を養成しなければならない。立憲国民は一つの政府のもとに結合し、全国の利益をはかるのだから、みんなの意見がいつも一致するとは限らない。たしかに少数の意見が優れていることもあるが、「最多衆の最大満足」を実現するためには、多数の決めたことに従って実行してみることが必要である。佐賀の乱や西南戦争などにみられるように、意見があわないからといって、これに従わないのはよくない。立憲国民は多数決に従う気風を養わなければならないとする。

第四に、立憲国民は政治の改良前進をはかる精神を強固にもたなければならない。世界の大勢を知り、これに従うことが必要だとして、本書の冒頭、小野の生い立ちの時代背景を説明するために引用した叙述、宇内改進の風潮と百人のペリー、千人の水師提督の説明が登場するのである。

第五に、立憲国民は順正の手段と、着実な方便によって目的を実現しなければならない。太平洋を飛んで渡るのが不可能なように、一気に目的を達成しようとしても無理である。社会のことをきちんと処するためには、きちんとした手順を踏まなければならない。ここには、フランス革命のような革命を嫌悪・忌避し、改良・前進によって改革をすすめることを眼目とする小野の立場がよくあらわれている。

そして最後の第六番目が、国憲を固執する実力である。立憲の国民は自治の国民である。自治の国民は自働の人民でなければならない。人に依頼する心を断ち切り、独立自主の精神を発揮しなければならない。奴隷からなる社会ではなく、独立自治の良民からなる社会にしなければならない。政府が憲法を乱した際、国民がこれを正す実力をもたないならば、憲法を定めたとしても、憲法の効果は社会にあらわれない。「国憲を固執する実力」、つまり憲法を守る実力を養うことこそ、立憲国民の急務である。小野はこのように考えた。法・制度とともに、それらを担う主体のあり方こそが問題だと考えたのである。

『国憲汎論』のその後

小野梓の「待花」の思いは実現したのか。それについては第七章で検討することにして、ここでは、『国憲汎論』そのものその後を簡単に追っておくことにする。

『国憲汎論』上巻は一八八三年七月に再版が発行され、中巻の再版は小野没後の一八八六年九月に発行された。第三版は帝国憲法発布の年、一八八九年一二月に発行された。三冊の分冊本と合冊本がそれぞれ発売されたらしい。第四版は一八九一年一一月、改訂増補第五版は一八九二年五月、いずれも合冊本として刊行された。帝国憲法の発布直後の三年間に、連続して三回、版を重ねたのである。憲法学習への要求、立憲主義への社会的な関心が継続していたと考えられる。

しかし、その後七六年間、一九六八年六月に『明治文化全集』の第二八巻として日本評論社から刊行されるまで、『国憲汎論』が世に出ることはなかった。一九三六年五月に刊行された『小野梓全集』には、『国憲汎論』が収録されていない。美濃部達吉の天皇機関説が攻撃され、国体明徴運動が展開されたのは、その前年のことである（第七章参照）。

ただし、一九〇三年、『国憲汎論』の上巻・中巻は、漢訳版として中国の上海で発行されていた。小野梓生誕一五〇周年記念事業の際、吉井蒼生夫氏の調査によってその所在が確認され、陳鵬訳で上海の広智書局から刊行されたことが明らかにされた。清末の戊戌変法の時期の、中国における立憲運動と関係するものであろう。

ところで、政治学者・憲法学者の鈴木安蔵は、一九三三年一月八日、最晩年の吉野作造に会った時のことを回想して、「この二時間前後のお話が、どれほどわたくしを励まし、わたくしに多くの示唆をあたえたかは、はかりしれないものがある」と書いている。[17] この時、吉野が鈴木に教えたのが、小野梓の「国憲汎論」と高田早苗の「国会論」の意義などであった。

ちょうど一年前、一九三二年一月三日の吉野の日記には、「午後小野梓大鳥圭介の小伝と鷗渡会との三編を草す」とある。[18] これは、平凡社の『大百科事典』の原稿のことで、「鷗渡会」は二月刊行の第三巻、「小野梓」は三月刊行の第四巻に掲載されている。吉野は『大百科事典』の「小野梓」の項で、「数多き著書中『国憲汎論』は日本政治学の開祖として不朽の威名を謳はるべきであらう」と記している。同年八月一二日の日記には、「小野梓の「国憲汎論」分冊第一を汽車のなかで読み始めたがまた之を読み続けて見る」とある。[19]

一方、鈴木は後に（敗戦直後の一九四五年一二月）、憲法研究会の中心となって憲法研究会の「憲法草案要綱」を取りまとめることになる。その草案と小野の『国憲汎論』との直接的な関係を論証することはできないが、『国憲汎論』が鈴木らの起草作業の土台の一つになっていただろうことは想像に難くない。日本国憲法の誕生にあたって、ＧＨＱのスタッフが注目し、のちにＧＨＱによる草案作りの参考となったのが、憲法研究会の憲法草案であった。

3　国際関係はいかにあるべきか

主権国家日本の構想

小野梓は幕末・開国の時代に生まれ、時代の転換期に青春を送った。そして、二〇代、日本の近代国家・社会への編成替えに参画し、三〇代初め、在野活動と著作活動に全力を傾注した。しかし、志を達成することなく、病のために短い生涯を閉じた。

宿毛から日本へ、そして、世界へとその視界を拡大して、世界から学び、日本のことを考え、社会のゆくえを構想しながら、時代のなかで実践し、思索し、著述した。当時の日本は、一方で

「文明開化」をめざして西洋に学ぶとともに、他方で「条約改正」を掲げて西洋と〝渡り合わ〟なければならなかった。「宇内改進の風潮」は、日本を近代化のうねりに巻き込んだが、それは不平等条約という従属の軛《くびき》をともなっていた。西洋は学ぶべき対象であると同時に、対抗すべき存在でもあった。

一七世紀半ばから一八世紀後半にかけて、「自由・民権」という近代的な価値を生み出した西洋は、一九世紀半ば以降、非西洋地域に進出して、その地域の「自由・民権」を抑圧した。自由の母国イギリスは、この時期、世界に覇をとなえる大英帝国でもあった。小野梓が上海で目の当たりにしたに違いない中国の屈辱状態を現出させたのは、アヘン戦争に勝利したイギリスであり、中国に対する不平等条約強制の中心はイギリスであった。小野に「救民」の構想を抱かざるを得なくさせたのは「弱肉強食」の現実であり、「強」のなかの最大の「強」こそ、イギリスにほかならない。内に対して「自由・民権」を実現したイギリスは、「弱肉強食」の大英帝国となっていた。

「救民論」から「愛国の公心」へ

小野梓は中国・上海で「万国公法」の思想に触発されて「救民論」を書き、弱肉強食を克服すべき国際社会の未来を構想した。「救民論」の序で小野は、各国は「万国公法」によって交際しており、「隠然一致の形」をなしているが、まだ、その実質がないとして、これを発展させることを試みようとしていた。

その一〇年ほど後の一八八〇（明治一三）年、小野は「日本輸入税論」の草稿を執筆した際、そのなかに「救民論」を再録して、つぎのようなコメントを付した。

これは十年前、中国旅行中の作であり、当時、まだ英書を読むことができなかったため、欧米にこのような論があるかどうかを知ることができなかった。しかし、その後、ヨーロッパに赴いた際、ベンサムの「交際法案」を読んで、四十年前にすでに公法を制定して万国共同裁判所を置くという説があるのを知って驚いた。四十年間に世界の文化が次第に進歩し、一般の知識水準が高くなって、自分のような若い書生もベンサムのような大学者とたまたま同じ思想をもつことになったのだ。

ここで小野が述べているベンサムの「交際法案」とは、ベンサムが書いた草稿「普遍的で永久的な平和のための構想」のことで、ベンサムはこのなかで軍備の縮小と植民地の放棄などを提案しているという[20]。それは、サン＝ピエール、ルソー、カントなどの永久平和論の流れにつながるものであった。

さらに小野は、「日本輸入税論」の草稿で、アメリカ人「フヒルド氏」が「万国交際法案」を「ソシアル　サイエンス　アスソシエイション」に提出した時の文書を読み、また、「ブロセル府」にヨーロッパ大陸の「特派公使」が集まって「戦時交際公法」を評議したことを聞いて、「万国を共同するの想像」が次第にヨーロッパに広がっていることを知り、自分の説が「まんざら暴言」ではないことを知った、とも書いている。この記述のうちの前者は、アメリカの弁護士David Dudley Fieldが一八七二年に出版したDraft Outline of International Codeと、一八七一年にロンドンで設立されたSocial Science Associationのことを指し、後者は、一八七三年にブリュッセルで開催されたヨーロッパの平和運動指導者会議のことではないかという。(21)ちょうど小野の留学中、国際紛争の平和的解決を目指そうとする動きが、ヨーロッパで起こっていたのである。

小野は留学中、このような思想や運動を知った。しかし、「日本輸入税論」の草稿で、自らの「救民論」を「浅薄迂闊、復た取るべき者なし」と書いているように、帰国後、こうした構想を発展させる方向には進まなかった。「救民論」は世界の事情を知らないままの未熟な議論だったというのである。なお、この「日本輸入税論」は、後述のように、条約改正問題と密接に関係している。

帰国後の小野が活動の基本においたのは、日本国民の「愛国の公心」を養うことであった。共存同衆は、「世を憂い、国を愛する人」に対して、国内がばらばらなのはまずい、一つにまとまろうと呼びかけた。小野が起草したと考えられる「共存同衆条例緒言」は、欧米に留学中、人民の交際の厚さと、「愛国」の思いの切実さを目撃して、人民と国との関係はこうでなくてならないと痛感したと書いている。また、一八七五年三月、『共存雑誌』に発表した論説「国民蓋思之」（「国民なんぞこれを思わざる」）では、「恋土の私情」を克服して、「愛国の公心」をもたなければならないと訴えていた。(22) 藩意識にとらわれ、自分の住む地域や出身地のことだけを考える「私情」を棄て、全国の「盛衰存亡」を自分のことと考えるような「公心」をもつべきだというのである。

では、なぜ「恋土の私情」を克服して、「愛国の公心」を奮起させなければならないのか。このような問いに対して小野は、国際社会では強国がしのぎを削っており、「敵国」に取り囲まれたような状況にあるからだと答えている。こんなことを言うと、開国前後の時期の攘夷論のように聞こえるかもしれないが、よく「万国公法」について考えてほしい。世界の現実をみれば、「万国公法」で平和が守れないことは明らかではないか。万国公法では強国の「欲」をおさえることはできない。現在、この法が世界で行われているのは、ヨーロッパ諸国の国力が均衡していて、ある国が法を犯せば他の二、三ヵ国がこの国を討つからである。まして、現在、日本が欧米と結んでいる条約は、万国公法の適用外にあるではないか。日本が「富強」であればあるいは安心できるかもしれないが、残念ながらそんな状態にはない。

こうして、小野は留学体験を踏まえて、「万国公法」頼むにたらずという立場から、「愛国の公心」、つまりナショナリズムの養成に主眼をおいていくのである。「国民蓋思之」のなかで、小野が強調していたのは、アメリカ独立の精神であり、それは「忠国の義心」と表現されている。

「万国公法」の秩序

「万国公法」とは国際法のことで、中国では、一八六四年、駐在アメリカ公使館の中国語通訳・宣教師のマーティン（W. A. Martin）が、アメリカの国際法学者ホィートン（H. Wheaton）の著書『国際法原理』を漢訳した『万国公法』が刊行されていた。この漢訳『万国公法』はただちに日本に流入して、日本人の国際認識に大きな影響を与えていった[23]。また、一八六六年、オランダ留学から帰国した西周助（のち周《あまね》）も、幕府の開成所で国際法の講義を行い、一八六八年にはこれが『万国公法』として刊行された。小野がこれらの著作に出合っていたのかどうかはわからない。

「万国公法」、すなわち国際法は、西洋で生まれ、その歴史のなかで変遷してきた。一七世紀半ばの一六四八年、三〇年戦争の後始末のために開かれたウェストファリア国際会議によって、国際体系の三つの礎石がすえられたという。国家主権の観念、国際法の原理、バランス・オブ・パワーの政策である。西洋で確立していったこの国際法の秩序は、一九世紀半ば以降、西洋が非西洋地域に進出するにつれて世界的な秩序となり、その波は東アジアにも及んできた。小野もまたこの波に出会って、日本のあり方、世界のあり方を構想したに違いない。

近代の西洋人は、世界を文明国、半開国、未開国の三つに区分しており、文明国とは西洋のキリスト教国のことであったという。主権国家である文明国同士の関係は、自主自立で対等なものと考えられていた。しかし、トルコ・ペルシア・シャム（タイ）・中国・日本などの半開国については、法律はあるものの、文明国の法としては認めず、領事裁判などによって主権を制限した。不平等条約の強制である。さらに、未開国については「無主」の地と見なし、最初に発見、ないし開拓した文明国がこれを占拠してもよいとした。征服・領有を当然と見なす「先占」の理論である。こうして、西洋が世界を従属・支配するシステムが合理化されていった。

東アジアにおける近代への胎動は、西洋列強の圧力のもとで始まった。中国（清）はアヘン戦争によってイギリスに敗れ、一八四二年、南京条約によって西洋中心の国際秩序に従属的に編入された。日本は一八五四年、黒船の圧力のもとで開国し、その後、アメリカ・オランダ・ロシア・イギリス・フランスと不平等な条約を結んだ（安政の五か国条約）。

国際法は、まず清に入って「万国公法」と訳された。清はそれまでの華夷秩序を維持しながら、不平等条約のもと、万国公法に規定された条項を守ることで、西洋諸国の侵略に口実を与えないようにしようとした。これに対し日本は、いちはやく万国公法を普遍的な規範として受け入れ、西洋との条約を対等な条件に改定するための根拠として活用した。また、万国公法をよりどころに、東アジアの伝統的秩序を再編し、中国中心の華夷秩序を解体しようとした。

主権国家日本のあり方

国際法の主体となるのは主権国家であり、これは、国家主権、国境によって区切られた領土、国民、という三つの要素から構成されるという。主権国家は、一六世紀、イギリス・フランスなど西ヨーロッパ諸国で形成され、当初は国王が主権を持つ絶対王政の形態をとっていたが、市民革命を経て立憲君主政や共和政に移行していったとされる。

近代国家（西洋並の）となるためには、国家主権、国境＝領土、国民の三つをはっきりさせなければならない。それは、条約改正によって対等な資格を得るための前提条件とされた。政府は一八七一年の廃藩置県によって国家権力の統一を実現し、一八七五年の樺太・千島交換条約によって北の国境線を画定し、南の国境線については、一八七九年に琉球処分を断行した。そして、「四民平等」政策のもと、国民を国家のもとに組み込む政策をすすめていった。では、国民そのものはどうあるべきなのか。そして、国家の基盤となる社会はどのように編成されるべきなのか。

条約改正の予備交渉と、各国の法律・制度・財政・産業・教育などを視察するため、岩倉使節団が欧米に派遣されたのは、一八七一年一一月である。使節団派遣の目的と使命は、一八七一年九月の「事由書」に記されている。それは、日本が西洋諸国から差別的な扱いをうけ、国際法の適用外にされているのは、「東洋一種ノ国体政俗」に原因があるからだとして、西洋の国際法にかなうように制度改正を行う必要があると主張していた。使節団は歴訪中、イギリスで政治制度の近代性と産業発展に注目したが、とくに関心をもったのはドイツであった。プロイセンが中心となってドイツが統一され、ドイツ帝国が成立したのは、ちょうど明治維新と同時期である。宰相ビスマルクは、使節団を招いた宴会で、現在、世界の各国はみな親睦・礼儀をもって交わっているが、それは表面上のことであり、内面では強弱がしのぎあい、大が小をあなどるのが実情だと語った。大国が利を争う場合、自国に利があれば「公法」に固執するが、不利となれば一転して兵威を用いる。だから、富国強兵につとめなければならないというのである。

小野は岩倉使節団出発の三か月後、一八七二年二月に日本を発ってアメリカに向かった。そして、一八七四年三月、約二年間の在外生活を切り上げてイギリスを去り、帰国した。厳しいパワー・ポリティクスの現実を体感して帰国したものと考えられる。小野が帰国した時、大久保利通を中心とする政府は富国強兵の道を本格化していた。他方、この年、自由民権運動がおこり、やがて全国に広がっていった。学ぶべきは「自由・民権」のイギリスか、「弱肉強食」のイギリスか。

小野は帰国後の一一年間、教養・教育の構想でどのような国民をつくるべきかを論じ、民法の構想で日本社会をどのように編成すべきかを論じた。そして、憲法の研究を通じて追求すべき主権国家日本の構成・構造を解明していった。小野の最大の課題は、近代日本におけるナショナリティーの構築、国民的アイデンティティーの形成にあった。これ抜きに憲法は憲法たりえず、近代国家は近代国家たりえない。小野はそのことを痛感して帰国したのではなかろうか。しかし、それは君主中心、軍事中心に富国強兵を推進するビスマルク流のドイツ的な路線ではない。独立自主の主体の確立こそが、不可欠の大前提であった。

では、主権国家日本は世界とどう向き合うべきなのか。

日本は誰の日本なのか

小野梓は一八七九年一月三日、八日の共存同衆の講談会で演説するため、「唯有日本」を執筆した[24]。これは、五月一四日発行の『共存雑誌』第二一号に掲載されたが、その冒頭で彼は、日本は誰の日本なのか、どこの日本なのかと問いかけている。たしかに日本は日本の日本には違いないが、この言葉とは異なる二種類の「奇怪」な「変幻」が現れているではないか。その一つは、日本を西洋の日本であるかのようにするものであり、もう一つは、日本をある地方が私有する日本であるかのようにするものだと小野は言う。

まず、前者について。西洋の器械・芸術や法律・制度を採用して日本の利益をはかろうとするもの、西洋風の文物や建物・交通などを何でも取り入れようとするものがいるが、これらは許せる。しかし、西洋に心酔して風俗・法律から言語・文字まで日本に導入しようと「妄想」するものがおり、これは日本を西洋の日本にするものだ。外国からの侵掠・凌辱は単に軍事上だけではない。外国の風俗・法律で日本の風俗・慣例を侵すことになる。また、外国人の非理を知りながら、その暴威を恐れて責任を追及しようとしないものがいるが、これは日本の独立を考えない「無恥の輩」であり、日本国の公益を妨害する「鼠輩」だ。

つぎに、後者について。「某々地方」のことだけを考えて日本を忘れ、「某々地方」の「人種」だけを「私愛」する「痴情」にくらまされて、「日本の国民」ということを忘れている。これは、日本を「某々地方某々の人種」が私有するものだ。小野はこのように述べて、あらためて四年前に発表した前述の論説「国民盍思之」を引用しつつ、藩閥の権力独占だけでなく、「民権」が「某県」（高知県のことを指している）の特権のようになっている現状にも批判を向けた。

こうして小野は、対外的な日本の自立と主体性の確立、対内的な分裂・割拠の克服を強く主張し、「日本の人びと」に対して、「奥羽」でもなく、「土肥」でもなく、「薩長」でもなく、ただこの「大日本国」こそが「君の邦国」だと訴えかけた。そして、外国はいうまでもなく「外の国」であるだけで、決して「わが国の上国」ではないのだと強調した。

そこには、小野梓の強いナショナリズムの思想が表出されており、それは当時の日本が直面していた切実な課題と深く関連していた。(25) ちょうどこの演説が『共存雑誌』に掲載された一八七九年五月、第二章で言及したように、共存同衆は日本がおかれている状況を筆記して条約を締結している各国に送り、条約改正を促すことを決定していた。

日本外交の基本路線

一八八二年一〇月一四日、東京の明治会堂で開催された立憲改進党の演説会で演壇に立った小野梓は、「論外交」(「外交を論ず」)と題する演説をつぎのように切り出した。[26] 東京専門学校開校の一週間前のことである。

諸君はトルコの今日の状況を観察してどう感じるだろうか。諸君は必ず了解するに違いない。今、トルコ帝国の政治はつねに欧州強国の干渉をうけ、ほとんど自主を保つことができず、半月の国旗の光はかすんでしまって輝かず、スルタン(君主)の称号は取るに足りないものとなって貴さを失い、トルコは衰微した国の異名となってしまっているということを。では、その原因は何なのか。教育が悪いのか、国内政治の失敗によるのか、国民が怠けた結果なのか、君主の抑圧がもたらしたものなのか。たしかにこれらも原因には違いない。しかし、もっと大きな原因は別にある。それは、無能の政治家が欧州の強国と一時凌ぎの外交をしたからなのだ。

小野はこのように述べて、トルコの例を引きながら外交政策の重要性を強調した。では、トルコの政治家が行った「姑息の外交」と、その結果結ぶこととなった「杜撰の条約」とはどのようなものなのか。これについて、小野はトルコの歴史を振り返りながら、つぎのように説明してい

る。(27)

トルコが現在のような状況になってしまったのは、欧州強国の共同の干渉を許してしまったからだ。もともとトルコはヨーロッパとアジアの両州にまたがる強大な国だったが、今から一八五年前の元禄一一年（一六九九年）、イギリスとオランダが共同してロシアとトルコの講和に干渉することを許した。これが欧州の強国がトルコの外交に干渉した最初であり、以後、文化九年（一八一二年）にフランスとオーストリアが共同してロシアとトルコの講和に干渉して以来、いっそう干渉ははなはだしくなった。文政一〇年（一八二七年）イギリス・フランス・ロシアは共同してギリシアを助け、近年（一八七八年）はベルリンで会議を開いてセルビアの独立をトルコに迫るなど、トルコ帝国の国権は辱められ、半月の国旗は汚されてきている。もしトルコの政治家が確固とした立場に立って長期的な利害関係を判断し、最初から欧州強国の共同干渉を防ぎ、ロシアはロシア、オーストリアはオーストリア、イギリスはイギリス、フランスはフランスと、それぞれ別個に交際を結び、強国による共同を拒んでいたら、こんなことにはならなかったに違いない。杜撰な外交、一時しのぎの政策が、このようなとり返しのつかない事態を生み出してしまったのだ。

小野はこのようにトルコが西洋列強に従属させられた歴史を振り返ったうえで、これはトルコのことで、日本の盛衰・浮沈とは関係がないようにみえるが、諸君は日本の外交のありさまを見て一体どう感じるだろうかと問いかけた。幕末、幕府はどのような条約を結んだのか。イギリス・フランス・アメリカ・オランダ・ロシアと結んだ安政の条約は、トルコの二の舞に陥ったものであり、これをあらためなければ、日本はトルコのようになってしまうと小野は訴えた。トルコの失敗を反面教師とし、列強に対抗して列国共同の干渉を避けながら、不平等条約の改正をすすめるべきことを主張したのである。

小野は各国共同の条約をあらため、それぞれ別個の条約として、条約改正をすべきだと主張した。ヨーロッパの各国は、それぞれ固有の利害関係をもっているから、個別交渉によって改正をすすめれば、日本が大きな弊害をこうむることがない。しかし、各国が共同すると、それぞれの特殊利益がまとまってしまい、日本はその弊害を受けざるを得なくなってしまう。ところが、聞くところによれば、政府は、今、各国の公使を集めて、条約改正の協議をしているという。なぜこんなことをするのか。トルコの実例があるではないか。

小野は政府がすすめようとしている条約改正の方法を厳しく批判した。というのも、まさにこの時、井上馨外務卿による条約改正交渉が進められていたからである。井上はこの年一月から、条約改正に向け、列国公使による予備会議を開催していた。これは、イギリス側の提案・勧告にもとづくものであった。小野はこのような列国共同方式を強く批判した。

では、条約をどのような手順で改正すべきなのか。その内容は二つある。治外法権の撤廃と税権の回復である。前者は日本の体面をまっとうするために必須であり、後者は国民の実益を保つために必要である。二つとも実現できれば申し分ない。しかし、一つを選ぶとすれば、どちらを優先すべきか。小野はこう問いかけた。そして、むしろ体面は我慢し、実益を得たいと、自分の見解を述べた。税権回復を優先すべきだというのである。まず実益を得て経済発展をはかり、国力をつけていくことが大切だと小野は考えた。それは外国にとっても通商の利便を高めることだから、交渉に応じるに違いない。聞くところによれば、政府は治外法権撤廃の方を優先しているらしいとして、政府の手順を批判した。

井上は四月の第九回会議で、日本の法律・裁判権に服せば、外国人に内地を開放すると宣言し、六月には外国人判事の使用などの細目を提案していた。領事裁判権（治外法権）の改良を優先することのような井上の条約改正路線に、小野は異を唱えたのである。

なお、小野は一八七九年九月から八〇年四月にかけ、「日本輸入税論」を六回にわたって『共存雑誌』(28)に連載し、輸入税の増額によって実益をあげるため、税権回復を優先すべきだと主張していた。後述のように、その第四回までが一八八四年執筆の「条約改正論」にほぼそのまま組込まれており、小野の財政経済構想が外交構想と密接に関係していたことを物語っている。

清の疑を解き、朝鮮の怨を散ぜよ

以上は、西洋に対する外交政策の要点である。では、東洋に対する外交はどのようにすべきか。小野はつぎのように明言している。[29]

支那に与ふるに疑を解くの便を以てせよ、朝鮮に与ふるに怨を散ずるの便を以てせよ、西洋諸国をして東洋の外交に干渉せしむる勿れ

諸君、試しに世界地図をひらいてよく見てほしい。紅海より東で独立国の体面を維持している国がどのくらいあるだろうか。インドはすでに英国のものとなり、安南（ベトナム）はフランスに支配され、広いアジアのなかで独立しているのは、日本と清だけではないか。ところが、従来、日・清は互いに相手を軽んじており、日・朝の間にはまだ解けない憤怨がある。今、これを解き、今、これを散ずることをしなければ、いずれは疑いがいよいよ凝って争いをおこし、怨みがいよいよ積もって戦いをするようになってしまう。西洋諸国は東洋をねらい、東洋に注目している。百年前の東洋とは違う。「東洋文明の先導者」日本が、「東洋の大局」を見誤ってはならない。

小野はこのように述べて、日清の関係を親密にし、朝鮮との友好につとめるべきだと主張した。その背景には、このとき東アジアが直面していたつぎのような現実があった。

小野が演説する三ヵ月ほど前の七月二三日、ソウルで朝鮮の兵士が反乱をおこし、民衆がこれ

に呼応する事態が発生した。反政府・反日暴動の壬午軍乱である。朝鮮政府の高官と日本人の軍事教官が襲撃・殺害され、日本公使はいったん長崎に引き上げた。朝鮮を保護国と考えていた清は朝鮮に軍隊を送り、日本も派兵した。朝鮮をめぐる緊張がたかまり、日本国内では、清と戦え、朝鮮を処罰せよという声がおこった。八月三〇日、日本は朝鮮に迫って済物浦《さいもっぽ》条約を結び、軍乱の責任者を処罰し、補償金五〇万円を日本に支払うことなどを認めさせた。一方、清はこの事件を契機に、朝鮮の外交と軍事に対する介入を強めていった。

このような事件がおこったのは、朝鮮の人びとの怨みが解けない証拠ではないか。清が日本と朝鮮の交渉に干渉しようとするのは、清が疑いをもっている証拠ではないか。小野はこのようにとらえ、東洋の大局を誤ってはならないと、政府に忠告した。小野の具体的な提案は、五〇万円の補償金を朝鮮政府に渡して、朝鮮の開化・近代化に役立てるというもので、これによって朝鮮の人びとの怨みを解き、清の疑いをなくすことができると考えた。この際、日本がイニシアティブを発揮して、壬午軍乱の事後処理を通じて東アジア三国の友好関係を構築し、禍を転じて福とすべきだ、というのである。

「一国独立」のプラン―条約改正論

小野梓は、一八八四年五月一三日、「非内地雑居論」の執筆を始め、一八日にはこれを「条約改正論」と改題して執筆をつづけ、二四日、出版許可を内務省に申請した。他方、三〇日に脱稿して、三一日、大隈重信に目を通してほしいと依頼し、六月九日にも大隈を訪ねて、再度、条約改正論の当否について議論している。

六月二八日、東京府から外務省の許可を得て再申請せよとの指示があった。東京府は外務卿の許可が必要だとして、小野からの「条約改正論」の出版申請を却下した。出版の自由は一体どこにあるのだと怒った小野は、ただちに外務卿井上馨にあてて手紙を書いた。おそらく抗議文であろう。そして、七月二三日、条約改正問題について外務卿井上馨に会見を申し入れ、二八日、外務省に井上を訪ねて条約改正問題をめぐって討論した。現在、小野が井上に提出した原本が残っている[30]。

他方、七月一九日には、東京専門学校で「条約改正論」を講演している。そして、二六日、東京専門学校の第一回得業式に臨んだのである。長野県出身の学生青木濱之助が帰郷に際し小野に見せてもらったのは、この「条約改正論」の原稿であろう（第五章参照）。

小野は第一節「現行条約の性質を論ず」で、現在、条約は改正の期限を十年も過ぎており、しかも、「不正理」・「不公平」の条約なので、速やかに改正すべきだと主張する。第二節「改正の六大眼目」では、治外法権の撤廃、税権の回復、国ごとの条約締結、修好条約と通商条約の分離、最恵国条款の廃止、条約の有効期限の明示、の六つが改正のポイントだとする。このうちの第三点目、共同の条約をやめ、各国と個別に条約を結ぶべきだという主張については、一八八二年一〇月の演説「外交を論ず」でトルコに言及した部分（前述）が、そのまま使われている。

第三節「改正商議の歴史」で、明治初年以来の条約改正交渉の歴史を振り返り、第四節と第五節の「外人の専肆《せんし》を論ず」で、関税問題と治外法権の撤廃について詳論に論じる。第四節には、かつて『共存雑誌』に発表した「日本輸入税論」の連載第一回から第四回までを、ほぼそのまま組み込んでいる。治外法権の問題を論じた第五節では、エジプトの状況に言及し、エジプトは独立の王国ではなく、また、半独立の侯国でもなく、「英仏共有の一殖民地」となっていると述べている。「日本の人民」はつねにエジプトを「鑑《かがみ》」とし、その弊を避けることにつとめなければならないと小野は主張している。そこには、「外人何の無礼なる、敢て埃及《エジプト》の覆轍を以て之を我に擬す」という列強への怒り、「余は之を読む毎に未だ嘗て巻を掩ふて長大息せずんばあらざるなり」というエジプト歴史に対する痛惜の思いがあったといえる。

エジプトが導入した混合裁判所制度は、当時、日本でも切実な関心を呼び起こしていた。混合裁判所とは、「原告あるいは被告の少なくとも一方が外国人である場合、国際的に定められた協定のもとで機能する、外国人判事を含む裁判所」のことであり、エジプトで一八七五年に設置されていた。(31) 実際には外国人判事が過半数を占め、その任命に当たっては各国法務大臣の助言と同意が必要であり、エジプト政府の自由裁量は認められていなかったという。前述のトルコと同様、エジプトもまた、日本にとっての反面教師であった。

以上、条約改正問題を詳細に論じた小野は、最後に第六節「条約改正の方策を叙す」で、最恵国条款の廃止→国別の交渉→修好条約と通商条約の分離→税権の回復→治外法権の撤廃、という順序で改正をすすめるべきだと提案した。

この「条約改正論」は、これまで小野が論じてきた外交論の集大成であり、井上に面談したことが示すように、極めて実践的な性格をもつ論著だったのである。しかし、小野の生前、この「条約改正論」が世に出ることはなかった。小野死去の翌年、一八八七年五月に高田早苗編『東洋遺稿』上巻（冨山房刊）に収録されて、広く知られることになった。ただし、『東洋遺稿』に収録されたものは、小野執筆の原本との間にいくつか相違があり、文章も数か所、削除されているという。[32]削除は外国人の「専肆」を強く非難攻撃した部分に該当し、出版当時の条約改正問題への〝配慮〟から、高田が改訂を加えたものと考えられる。

「条約改正論」の書き込みで閲覧停止になった少年

『東洋遺稿』上巻が刊行されてちょうど一年後の一八八八年五月二五日、東京図書館で閲覧中の一五歳の少年が、ページの上に書き込みをしているのを、係員に発見された。[33]「条約改正論」のなかの「日本帝国ノ人民タルモノ誰レカ之ヲ慷慨シテ之ヲ悲憤セサルモノアラン哉」などの箇

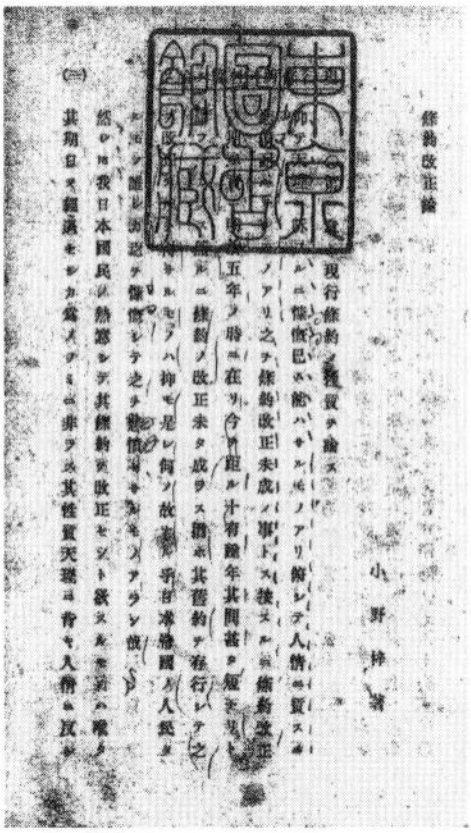
條約改正論
小野梓著

34　右：『東洋遺稿』上巻、左：『東洋遺稿』収録「条約改正論」
（国立国会図書館デジタルコレクション https://dl.ndl.go.jp/pid/783570）

所に点線をひき、「慷慨」「悲憤」という文字の右側に◎をつけていたのである。このため、少年は五月二九日付で三ヵ月間登館を禁止され、その「罪状」が十日間、館内に掲示された。これに対し少年は、六月二二日付で解禁嘆願書を提出し、自分は第一高等中学校の受験準備中だが、家が貧しく、必要な参考書類はひとえにこの図書館で借りて勉強しており、登館を禁止されてしまっては入学試験に間に合わないとして、解禁を願い出た。事情に同情した図書館側は、禁止期間を一ヵ月半に短縮し、七月一七日付で解禁した。

「条約改正論」に書き込みをしていたこの少年こそ、のちに天皇機関説を提唱する美濃部達吉にほかならない。現在、国立国会図書館に所蔵されている『東洋遺稿』上巻には「東京図書館蔵」の印が押されている。そして、その「条約改正論」の最初のページから六ページにかけ、何ヵ所か点線を引いた箇所があり、「慷慨」「悲憤」の右側に◎が付されている（写真34参照）。とすれば、この点線と◎こそ、かつて美濃部少年が付けたものに違いない。原本にあった小野の激しい憤りが改訂によって矯められていたとはいえ、小野の発したメッセージが若き美濃部達吉の心を揺さぶり、強い共感を呼び起こしていたのである。

「一国ノ独立」は「精神ノ独立」に根ざす

ここでもう一度、一八八二年一〇月、東京専門学校の開校にあたって小野梓がおこなった演説を思い起こしてみよう。

一国の独立は国民の独立に基ひし、国民の独立は其精神の独立に根ざす。而して国民精神の独立は実に学問の独立に由るものなれば、其国を独立せしめんと欲せば、必らず先づ其民を独立せしめざるを得ず。其民を独立せしめんと欲せば、必らず先づ其精神を独立せしめざるを得ず。而して其精神を独立せしめんと欲せば、必らず先づ其学問を独立せしめざるを得ず。

今、アジアで独立の体面を全うしているのは、日本と中国しかない。しかし、日本も条約改正などの問題をかかえており、また、強国がすきを狙っているから、安心してはいられない。このような時に独立の体面を全うするのは容易なことではない。「国民の元気」を養成し、「独立の精神」を発達させなければ、「帝国の独立」は期待できない。「国民の元気」を養い、「精神を独立」させる「永遠の基」は、「学問を独立」させる以外にない。小野はこのように主張していた。今、学問の独立を実現するためには、学ぶ者の「障礙」を取り除かなければならない。外国の文書・言語によって子弟を教授し、これによらなければ高尚の学科を教授することができないというのは、「学者講学」の「障礙」であり、「学問の独立」をはかる道ではない。こうして小野は、邦語（日本語）による教育を提唱したのである。

では、テキストをどうするのか。邦語（日本語）教育のためには、良書の出版・普及が不可欠である。東京専門学校における「学問の独立」とどまらず、広く国民「精神の独立」をはかるため、東洋館書店は開業されるべくして開業されたのである。

第五章のまとめに書いたように、「先進の著作」と「後進の自学」の二つを重点的に推進すること、そして、豊かな「通常の教養」を国民自身のものとすること、これによって、日本社会の根底的な近代化をはかり、日本の自主・独立を実現すること、せんじ詰めれば、それが、帰国以来、一二年弱の間に、小野が全力をかけて追求したことであった。

東アジア外交の構想

一八八四年五月、小野は「条約改正論」と同時期、「東洋の厄運」を『読売新聞』に書いて、東アジアに西洋列強の侵略が迫っていることを警告していた。[34]「東洋の諸国」は「西洋の諸国」によって「蚕食」され、インドからジャワ、ジャワからベトナムに及び、次第に東に迫ってきているというのである。そして、以後、東アジアの外交問題に日本も積極的に介入していくべきだと主張していった。

「蚕食」を進める「西洋」の中心は、イギリスであり、フランスであった。清仏戦争で清は敗北し、甲申政変で朝鮮をめぐる日清の対立は深まった。甲申政変に際し、日本の国内では清に対して断固たる措置をとれ、日本政府はなまぬるいという強硬論が広がった。小野も強硬論を展開した。

日本は清・朝鮮と連帯して西欧列強と対抗すべきなのか、東アジア文明化のリーダーとして清と対抗し、朝鮮問題に介入していくべきなのか。この時期、小野の東洋政略論は揺れた。開化派を支援してクーデターに干与した福沢諭吉は、清に対する開戦論を盛んに主張し、「脱亜論」を書いて、アジアの「悪友」との関係を断絶して、「西洋の文明国」とともに行動すべきだと主張した。しかし、小野の論は、出原政雄氏が言うように、「西欧諸国からの干渉を排して興亜のなかで同時に興国も実現すること[35]」を意図したものだったと考えられる。

（1）早稲田大学大学史編集所編『小野梓全集』第一巻（早稲田大学、一九七八年）の「解説」（六一六頁）を参照。
（2）以下の叙述は、『小野梓―未完のプロジェクト』（冨山房インターナショナル、二〇一六年）の二五三～二九六頁で論じたこととかなり重複するところがあるが、ご了解いただきたい。
（3）「財政経済関係論策」は、早稲田大学大学史編集所編『小野梓全集』（第四巻、早稲田大学、一九八一年）に収録されている（五七～四七一頁）。
（4）早稲田大学大学史編集所編『小野梓全集』第二巻、早稲田大学、一九七九年、三～二三一頁。以下、同「解説」を参照。
（5）同前「解説」（五三八頁）。
（6）『小野梓全集』第四巻、四八六～四八七頁。
（7）同前「解説」（五四一頁）。
（8）『小野梓全集』第二巻、二三六頁。
（9）『小野梓全集』第二巻、二三五～三五一頁。
（10）『小野梓全集』第四巻、四八一～四八二頁。「木王生」の筆名で執筆。
（11）『小野梓全集』第四巻、五八四頁。「丶大散人」の筆名で執筆。
（12）『小野梓全集』第二巻、三五五～三六七頁。

(13)『小野梓全集』第二巻、三六八〜四二六頁。
(14)『小野梓全集』第二巻、四二七〜四四九頁。
(15)『小野梓全集』第一巻、七〜八頁。
(16)『小野梓全集』第一巻、七〜五八四頁、に収録。
(17)鈴木安蔵『憲法学三十年』評論社、一九六七年、四六〜四七頁。
(18)『吉野作造選集』15、岩波書店、一九九六年、三四九頁。
(19)前掲『吉野作造選集』15、四一〇頁。
(20)出原政雄『自由民権期の政治思想』法律文化社、一九九五年、二七六〜二七七頁。
(21)前掲『自由民権期の政治思想』、二七七〜二七八頁。
(22)早稲田大学大学史編集所編『小野梓全集』第三巻、早稲田大学、一九八〇年、一七〜二〇頁。
(23)『開国』〈日本近代思想大系1〉(岩波書店、一九九一年)の「解説」(四七四〜四八一頁)を参照。なお、同書三九〜八五頁にマーティン『万国公法』が抄録されている。
(24)「留客斎日記」(『小野梓全集』第五巻、三三二頁)による。『小野梓全集』第四巻、四二〜四六頁。
(25)大日方純夫『「主権国家」成立の内と外』〈日本の歴史2〉(吉川弘文館、二〇一六年、とくに三二一〜三三五頁)、参照。
(26)『小野梓全集』第四巻、一四頁。

（27）『小野梓全集』第四巻、一六〜一七頁。
（28）『小野梓全集』第四巻、六七〜一〇五頁。
（29）『小野梓全集』第四巻、二三頁。
（30）国立国会図書館憲政資料室蔵「井上馨文書」。『小野梓全集』第三巻、二二九〜二九九頁。
（31）杉田英明『日本人の中東発見』東京大学出版会、一九九五年、一一三頁。
（32）『小野梓全集』第三巻の「解題」（六一〇頁）。
（33）以下、石黒宗吉「上野図書館―その栄光と苦渋の一世紀―」（『国立国会図書館月報』一三二、一九七二年三月号）、による。
（34）『小野梓全集』第三巻、三〇〇〜三〇一頁。「木王」の筆名で執筆。
（35）前掲『自由民権期の政治思想』、二八三頁。

第七章　生き続ける〈小野梓〉

印　民者国之本　吏者民之雇　東洋学人源梓　印印

35　小野梓揮毫書軸
（早稲田大学歴史館 Web サイト
「2022年度寄贈小野梓書軸『民者國之本　吏者民之雇』資料紹介と解説」
https://www.waseda.jp/culture/archives/news/2024/01/25/4949/）

二〇二二年八月、早稲田大学歴史館に寄贈していただいた小野梓の書である。この文言自体は、すでに『小野梓全集』第五巻に「武部潔氏蔵」として収録されている。[1] しかし、それは、村川一郎『日本保守党小史』巻頭の写真版から再録したものであった。『全集』刊行からちょうど四〇年目に寄贈していただいたことになる。寄贈者によれば、この書は、高祖父・武部冉之《ぜんのう》（『校友会名簿』によれば一八八七（明治二〇）年卒業）が、東京専門学校の入学に前後して小野から与えられたものだという。

小野は一八八五（明治一八）年二月二〇日の日記に、来訪した「越中の人」の求めに応じて筆を走らせたと書いている。それが、おそらくこの書であろう。「東洋」は小野の号で、新田氏（清和源氏の流れをくむ）の末裔を自認していた小野は、揮毫《きごう》の際、しばしば「源」姓を用いている。小野にこの書を書いてもらった「越中の人」武部冉之は、翌一八八六年、東京専門学校に入学した。その後、この書は冉之の子・毅吉《ぎきち》に委ねられ、毅吉が富山県会議員・議長となった際、事務所に掛けていたそうである。それを見た親友の衆議院議員松村謙三がこれを借りうけ、彼も議員会館の自室に掛けていたという（毅吉も松村も東京専門学校〈早稲田大学〉の校友）。松村の没後、武部家に返却されていたこの書軸が早稲田大学に寄贈されたのである。

実は、この書軸とまったく同じ語を記した河井継之助（幕末期の長岡藩士・家老）の書があることが知られている（新潟県長岡市の河井継之助記念館に展示）。幕末の時期、越後の河井継之助が書いた語とまったく同じ語を、なぜ小野梓が記しているのか。

また、一九〇二年、当時、足尾鉱毒問題に取り組んでいた高木来喜という東京専門学校（早稲田大学）の学生が、同年七月一日の演説会の折、「民は国の本、吏は民の雇」という演題で演説していることが、小松裕氏によって明らかにされている[2]（演説の内容は不明）。田中正造は一九〇三年一〇月二二日の日記に、高木のことを「被害民ノ恩人ナリ」と記している。高木はこの語をなぜ知っていたのだろうか。なぜ「民は国の本　吏は民の雇」を演題に選んだのだろうか。

1　「花」を見ぬまま世を去る

民にもとづく政治を求めて

一八八六（明治一九）年一月二日、病気見舞いに訪れた天野為之に対して、小野梓は内閣制度が創設されたことを喜んだという[3]。

政府が太政官制を廃止して、内閣制度にかえたのは、十日ほど前の前年一二月二二日のことであった。三大臣（太政大臣と左・右大臣）の代わりに総理大臣一人を置き、各省の長官を国務大臣として、直接に天皇を輔弼する制度が導入された。政府の重職として、これまで政治運営の中心となってきた参議は廃止された。

小野は前年九月に完結した『国憲汎論』の下巻第三三章から第三六章で、行政官、すなわち内閣について論じ、その意義、組織、権限などに詳細な検討を加えていた。

君主自ら政治運営の実権を握る親政は、かえって人民の怨みをかう事態を生じさせ、君主の尊栄を永遠に保障することにはならない。したがって、立憲制を採用している西洋の国家は、たいてい君主が政治の責任を負わず、宰相にこれを負わせる制度をとっている。小野はこう主張し、君主による親政を否定して、内閣に責任を負わせる制度によってこそ、君主制は安定すると主張していた。王室の尊栄と人民の幸福をはかることは、立憲改進党が掲げた最大の政治目標であり、小野の基本課題でもあった。

立憲改進党結党後の一八八二年、小野は演説用の原稿として、「余が政治上の大主義」、ないし「勤王論」と題する論文を書いていた。両論文の眼目は基本的に同じである。藤原氏・平氏・源氏・織田氏・豊臣氏・徳川氏のような「一二《いちに》の種族」や地方勢力に権力をゆだねてはならない。「一二種族の微力」や「兵隊の腕力」にたよる政治は「軟弱稀薄」である。「三千余万の臣民」を「藩塀」とすべきだ。それは、天皇の権威によって政治運営をほしいままにしている薩長藩閥勢力の政治（「一地方人専有の政治」）や、守旧主義の天皇親政論者に対する手厳しい批判であった。小野はこうした論理と主張を、そのまま『国憲汎論』のなかに組み込んだのである。

民にもとづく政治こそが、君主制を安定させる。それこそが真の「勤王」である。少年の日、父によって梓に委ねられた「勤王」の課題は、人民の幸福をはかることこそが王室の尊栄につながるという実践的な課題となって、彼を政治行動へと突き動かし、理論構築を促してきた。そこから導き出された理論が、君主と人民を「政本の職」とし、そのもとに立法・行政・司法の三権をおくという、小野独自の権力編成論であった。したがってそれは、統治権は天皇に最高の源を発するものの（天皇主権の原則）、その権力は絶対無限ではないとする天皇機関説的な立場につながっていくとも考えられる。他方でそれは、政治の目的は民の幸福にあり、政治の決定は民の意向にもとづくべきだとする民本主義的な発想につながっているともいえる。

小野は『国憲汎論』でつぎのように主張した。内閣とは行政の首長が行政の重要事項を運営するところであり、「行政の本源」である。国内外で内閣という呼び方はずっと以前からあるが、これを憲法で規定し、成文上で公認してはいない。しかし、新たに憲法を定め、政治の運行をよくしようとするなら、憲法に内閣の条項を設け、その職務と責任を明示すべきである。では、内閣をどのように組織すべきか。西洋の制度を見てみると、君主もしくは大統領が世論の動向を見定め、支持を集めている政党の人びとによって組織する方法と、君主や大統領が自分の「愛憎」に任せて組織する方法の二通りがある。しかし、前者が優れていることは明らかである。国民の世論にもとづく政党内閣制こそが政治を安定させるというのである。

一八八五年一二月、内閣制度は導入されたが、小野が求めた政党内閣制ではない。まだ、憲法も議会もない。日本は一体どのような国になっていくのか。

三三歳一〇ヵ月

天野が見舞った九日後の一月一一日、『国憲汎論』巻頭に掲げた詩「待花」の思いもむなしく、小野梓は短い生涯をとじた。三三歳一〇ヵ月。一八八六年一月一三日、『郵便報知新聞』はつぎのような訃報を載せて、小野の死を悼んだ。

先に政府にあっては剛直清廉にして、かつ勤勉の聞こえが高かった小野梓君は、去る十四年の変動に際して、その主義が政府とあわなかったため、一篇の論争書を遺して断然辞職し、以後、もっぱら改進党、明治協会の組織、専門学校、東洋館などの設立に尽力し、日夜、国事に奔走していたが、一昨一一日、神田錦町の自宅において死去した。

君はもともと虚弱な体質であり、肺患の持病があったが、これをものともせず、政党に、学校に、新聞に、演説に従事し、暇さえあれば和漢洋の書物を山積みした中に座って書物を著し、その精力は数人を兼ねるほどの有様だった。そこで医師はしばしば過労を忠告したが、君は少しも苦労を感じず、かつ摂生の方法については十分に注意しているとして、ただ男児がこの世にある以上は、瞬間といえども有用の事業をなし、有益の書を著すことを忘れてはならない、無為に長生きするよりは、むしろ為すべきことをなして早世する方がよいと、ますます国事に奔走し、著述に勉めていた。

しかし、過労の結果であろうか、一昨十七年の春夏頃、突然、大いに吐血し、つづいて激しい熱を出して、ほとんど危うい状態になった。医師の尽力によりその年の冬には大いに快方におもむき、やや筆硯と親しむことができるようになった。そこで君は喜んでまだ医師から外出の許可が出ていないのに、早くも著述に精励したが、ふたたび数合も喀血するほどの病状となるに至って、はじめて筆をおいた。それ以来、病状は一進一退して定まらなかったが、今日、ついに不帰の客となってしまったのは、慟《なげ》いてもなげききれない。

君は広く和漢英仏の学問に通じ、かつ書をよくし、非常に著述にすぐれていた。君は病中にあっても、日本財政論、大日本歴史などの著述に従事していたというから、天がもしさらに時間を与えたなら、必ず世を益する大著述が出来上がったに違いない。惜しんでも還らないのは天命である。ああなんと悲しいことか。

以上のような『郵便報知新聞』の記事は、小野の業績だけでなく、その性格と病気が進行するなかでの仕事ぶりを伝えて余すところがない。もしさらに時間を与えたなら、必ず世を益する大著述が出来上がったに違いないとの思いは深い。

小野梓の葬儀は、一四日、谷中の天王寺で挙行された。後には妻・利遠《りお》と二人の娘（墨子・安子）が残された。葬儀には、立憲改進党員、明治協会員、交詢社員、新聞記者、東京専門学校の教職員・学生、在官時代の同僚など、一〇〇〇人余が参列したという。午後、法号「願入院釈東洋居士」は、谷中の天王寺の墓地に埋葬された。

追悼会と記念碑

小野梓の死を悼む人びとは、その後、あいついで追悼の会を催し、その業績と人柄を偲んだ。一月二四日には、山田一郎・斎藤和太郎ら、静岡の有志が追悼法要を開催した。二月一一日には新潟県高田の有志が追悼法要を開き、数十名が参列した。一三日には、島地黙雷ら令知会員が麹町区の白蓮会堂で追悼会を開催した。令知会とは一八八四年、浄土真宗本願寺派の僧である島地の首唱で結成された仏教結社で、小野も客員として同会で演説したことがあった。[4] 小野は島地をはじめ大内青巒《せいらん》・赤松連城らの仏教者と、共存同衆を通じて交流を深めてきていた。[5]

二月一〇日、山田一郎編『東洋小野梓君伝』が、『中央学術雑誌』第二二号の付録として刊行された。小野の業績を偲ぶ最初の伝記である。本書第一章で幼少時の小野の様子を浮かび上がらせるために活用した「自伝志料」は、この伝記の前半部分に収められている。小野の生立ちは、彼自身の手によって明らかにされ、人びとに共有された。これなくして、彼の幼児期・少年期を知ることは不可能である。

一八八七年五月、高田早苗・島田三郎・尾崎行雄・牟田口元学・島地黙雷・大隈英麿・末広重

36　清宝寺「小野梓君碑」

37　清宝寺「小野梓君碑」拓本（早稲田大学図書館蔵）

恭・前島密らが発起人となり、多くの人びとから醵金を募って、小野の郷里宿毛の清宝寺境内に彼の業績を顕彰する記念碑「小野梓君碑」を建立した（図版36・37参照）。文を書いたのは「中村正直」、字を書いたのは「大内青巒」、碑の上部に刻まれた篆書体の題字は「大隈重信」である。また、醵金の残りで肖像画をつくって東京専門学校に贈ることになり、二世五姓田《ごせだ》芳柳《ほうりゅう》が描いた小野梓の肖像画が東京専門学校に寄贈された（第三章の図版17参照）。肖像写真をもとに制作されたものと考えられ、少壮官吏時代の小野の面影を伝えている。

2　遺志を受け継ぐ

「故小野梓先生十年追悼会」

一八九五（明治二八）年二月一〇日、東京専門学校は「故小野梓先生十年追悼会」を同校の大講堂で開催した[6]。列席者は、立憲改進党の政治家、東京専門学校の校友・教職員・学生など、千余人にのぼったという。写真38にあるように、祭壇の正面には小野梓の肖像画と清宝寺境内の「小野梓君碑」の拓本が飾られ、小野の真蹟として、正面向かって右側に小野の書「民者国之本　吏者民之雇」（「民は国の本　吏は民の雇」）が、左側に小野が筆を揮った「待花」の詩が掲げられた。霊前には、小野の遺著である『国憲汎論』『民法之骨』『東洋論策』などが並べられた。立って演説しているのは島田三郎である。

「待花」の詩は、いうまでもなく「国憲」を待望する小野の心情・真情をうたったものである。他方、写真をよくみると、「民者国之本　吏者民之雇」には「為佐藤君之雅嘱」と記されており、本章の冒頭に掲げた書、すなわち小野が武部青年の求めに応じて筆を揮ったものと語は同じだが、武部がもらった「民者国之本　吏者民之雇」とは別物である。小野が「佐藤」という人物の求めに応じて、おそらく遊説先で書いたものであろう。

『小野梓全集』第五巻収録の「語」には、「癸未之晩秋　為佐藤君之雅嘱　東洋学人源姓梓録」

38　故小野梓先生10年追悼会
（早稲田大学歴史館蔵〈文化資源データベース〉）

と記されたものがあり、第四章で扱った一八八三年一一月の新潟遊説時の書であろう（ただし、実物ではなく、小野自身が詩文をまとめた「鴻爪帖」に記されたもの）。「追悼会」の際に掲げられた書の末尾に記されている文字は、おそらくこれと同じ「為佐藤君之雅嘱」である。小野の手元ではなく、「佐藤君」の手元にあったものが、追悼会に際して提供されたと考えるのが自然であろう。

新潟遊説時に会った人名の記載は小野の日記にはないが、同行した吉田熹六の「雪爪録」には丹念に記載されており、それによれば「佐藤」姓の人物が何人かいる。このうち「十年追悼会」にも参加しているのは「佐藤伊三郎」だけである。「佐藤伊三郎」は「追悼会」後に遺族を招待して開催された会にも出席している。小野の新潟遊説中、「佐藤伊三郎」は一一月一三日、小野らのもとに来ており、一四日、小野が新潟から新発田に向かう際、唯一、新潟から信濃川の川港まで見送っているから、かなり親交を深めたものと考えられる。こうしたことから判断して、「追悼会」に掲げられた書は、新潟遊説中の小野が、何らかの事情で河井継之助の言葉を知っていた佐藤伊三郎の依頼により揮毫したものではないかと推測される。

「民者国之本　吏者民之雇」

小野梓がどのような思いでこの書「民者国之本　吏者民之雇」を書いたのか。「壬午之秋　東洋梓」の記載がある「精神一到何事不成」のような書もあるから、揮毫した語が必ずしも小野の独創であったわけではない。しかし、座右の銘のようなもので、独創ではないとしても、そこに自らの心情・真情・信条を託して筆を揮っていることは明らかであろう。単なる名言やキャッチフレーズにとどめず、「民者国之本」に関して国家と人民に関する小野の思想・理論を明らかにし、これを踏まえて「吏者民之雇」についても、小野の行政官論・官吏論から明らかにしておくことが必要だと考えられる。

直接このようなフレーズを用いた小野の著作は今のところ見当たらないが、小野は『国憲汎論』の「第四章　立憲の大帰旨」のなかで、「国の本務」(国家の役割)は、「人生の三大要事」である「活度」(生存・生活)、「富周」(豊かさ)、「平等」を「安固」(保障)することにあるとしたうえで、これを全うするためには「人」を得てその職に対応させることが必要だとしている。そして、ベンサムの「官職応当」に関する論を敷衍し、「官人」にとってもっとも大切なのは「徳義」だとして、「社会全般の公利公益」を忘れず、これを増加させることを願い、「私利」を営むことがないことだと述べている。

また、同じく『国憲汎論』の「第三十三章　行政官を再論す　二」では、周の文王に仕えた鬻《いく》熊《ゆう》が、王者が人を用いる術を説いた際、「民は吏の程（標準）なり、吏を民に察し而して後ち之に随ふべし」として、「万人これを愛すれば万人の吏なり」と述べたなどと書いている。また、孟子も、「国人皆な賢なりと曰ひ、然して後ち之を察しその賢なるを見て之を用いる」と述べたと書いている。

こうしたことから類推して、「民は国の本　吏は民の雇」というフレーズを、小野は自らの思想・理論と重ね合わせていたのではないかと考えられる。

遊説から一年三ヵ月後、彼のもとを訪れた武部青年に対し、『国憲汎論』で国家のあり方を究明していた小野は、自らの理念・思想をあらわす〝東洋学人〟の語として、渾身の力をふり絞ってこれを書き、未来ある青年に託したのではなかろうか。

他方、追悼会の開催は、この言葉が小野の語として広く共有・流布された可能性を示唆しており、高木来喜が演題に掲げたとしても不思議はない。『中央時論』第一一号（一八九五年四月発行）には、この追悼会の模様が詳しく報じられており、「民者国之本　吏者民之雇」に関する記載もある。ちなみに追悼会には田中正造も列席しており、式後の遺族を招待した会では、田中も往時の小野を偲んで演説している。

足尾銅山鉱毒問題と早稲田の学生

「故小野梓先生十年追悼会」の七年ほど後の一九〇二年一〇月、東京専門学校創立二〇周年と早稲田大学開校を祝う式典が開催された（後述）。式典当日の一九日、学生らが発起人となって谷中天王寺にある小野梓の墓への墓参会が行われ、校友・学生百余名がこれに参加した。実は、この墓参会の発起人の一人が高木来喜であった。『早稲田学報』は「故小野梓氏の墓参会」という記事で、高木来喜・佐藤千纏・菊地茂・坂田熊三らが発起人となり、「最も記憶すべき本校創立者の一人たる故東洋小野氏を慰めん」と、会を催したと報じている。(7)

一九〇一年から一九〇三年にかけ、足尾銅山鉱毒問題に対する反対運動が展開され、東京専門学校（早稲田大学）からも多くの学生が参加していた。(8) 実はその中心となったのが、この墓参会を企画した高木・菊地・佐藤らであった。一九〇一年一二月に結成された学生鉱毒救済会は、一九〇二年五月に青年修養会に改組されたが、高木と菊地は他の学校の学生とともに、その創立当時の委員に名を連ねている。(9) そして、七月一日に開催された青年修養会の第一回演説会の高木の演題が「民は国の本、吏は民の雇」だったのである。高木は、七月四日の第四回に「輿論の勢力」、七月七日の第七回に「憲政の真価果たして幾干《いくばく》ぞ」という題で演説している。高木は小野梓の志を受け継ぐべく、足尾銅山鉱毒批判の意を込めて、熱弁をふるったのではなかろうか。

高木・菊地・佐藤らは小野梓にちなんで「梓会」をつくったらしい。(10) そして、一九〇二年一二月、安部磯雄を会長とする早稲田大学雄弁会が結成される。その発起人には、菊地・佐藤・高木が永井柳太郎らとともに名を連ねた。(11) その後、雄弁会は将来の社会的な活動に向けて弁論術を鍛錬することを目的に、演説会開催などの活動を展開していった。(12)

なお、一九二三年五月の軍事研究団事件の際には、「早稲田の学園をして軍閥の蹂躙に委せしむる勿れ」「大隈総長の遺志を忘るな」「血を吐いてまで自由を叫んだ小野東洋先生を憶《おも》へ」などの檄文がまかれたという。(13) 反対派の学生は、大隈重信とともに小野梓を思い起こしていたのである。雄弁会も反対運動の一翼を担っていた。

書店の後継者

ところで、一八八六年一月一四日の葬儀の日、小野の棺の側には東京専門学校関係者が付き添ったが、そのなかに学校とは直接かかわりのない一人の青年がいた。数え年で二一歳になったばかりの坂本嘉治馬《かじま》である。宿毛出身の彼は、一八八三年一二月、単身、郷里を脱して上京し、父親が世話になった軍医酒井融のもとを訪ねた。そして、その紹介で小野が経営する東洋館書店で働くことになったのである。

坂本は初めて東洋館書店を訪ね、小野に会った時のことを思い出して、後につぎのように書いている。(14) 小野との関係や東洋館書店の様子がよくわかるので、要約しながら記しておくことにする。

二階の小野先生の事務室へ通されて、先生に初めて御目にかかったのである。そして色々郷里のことなどを聞かれて、自分の上京の目的を問われたから、教導団にはいって軍人になりたいと御話したら、「軍人もいいが、学校にはいると相当学資もいるから、学資のない者にはなかなか難しい。軍人になって働くのも、商売人となって働くのも、国のために尽すはたらきにかわりはない。商売人になるなら、この東洋館の店にはいれば夜は勉強も出来るから、来たらどうか」と言われたから、「とにかく酒井先生に御話して明日参ります」と挨拶して、一先ず引下った。

以上は坂本の回想である。ちなみに坂本が相談した酒井融は、本書第一章で紹介した新資料、帰国直後の小野梓の手紙で、会いたいと小野が伝えた相手、酒井佐立《すけかた》の従弟である。青年期、医学を学び、戊辰戦争の際には、小野も参加した宿毛機勢隊に軍医として従軍した。一八九六年五月に酒井佐立が死去した際には、佐立の長男佐保《すけやす》とともに、親戚代表として死亡広告に名を連ねている。

坂本の回想によれば、東洋館は間口六、七間の、大きな土蔵造りの和洋折衷ともいうべき立派な家で、当時、神田はもちろん、東京でもあまり見かけないような店構えだったという。店員は六、七人いて、みな三〇前後から四〇歳位で坂本が一番若かった。坂本は外国語がわからないので、半年くらいはこの大きな店の拭き掃除から一切合切をやってのけたばかりでなく、銀行へは毎日必ず少なくとも一回は使いをしていた。そして、夜間は一生懸命勉強し、暇さえあれば、棚の本を見て書名を覚えていた。その結果、書棚にある英米独仏の数百種の原書の書名が大体わかるようになり、だんだん番頭格になって重宝がられていた。

しかし、一年半ほどで小野が病気となって引き籠り、また、他の番頭が退職したり、病気だったりして、人手不足となったため、坂本がほとんど全部を切りまわさなければならなくなってしまった。小野の病気が次第に重くなり、東洋館にほとんど出てくることができなくなったため、坂本は毎日夕方、小野のもとを訪れて、その日の報告をし、仕事の指示をうけるようになった。

こうして坂本嘉治馬は、病気の小野にかわって、東洋館書店の万般を切り盛りしていたのである。小野につかえてわずか二年余、「丸出しの田舎者が手をとって指導教訓を受けどうにかこうにか人間らしくして貰った」と、坂本は記している。坂本は小野に対して、「十年二十年も師事した師父」のような思いを抱いていたという。

「師父」を喪った坂本は、小野梓の義兄小野義真の援助を受け、小野梓が亡くなって一ヵ月半後の三月一日、神田の借家を店舗として、東洋館書店を継承する本屋を開業した。冨山房の誕生である。小野が単独で運営・経営にあたってきた東洋館書店は、小野の死をもって終焉をむかえ、高い理想のもとで推進してきた良書普及運動は杜絶を余儀なくされた。しかし、後継者として若き青年坂本嘉治馬が名乗りをあげ、小野が開いた出版事業は、坂本の手に委ねられて〝生き延びた〟。

いや、〝生き延びた〟だけではない。坂本は英米の原書（洋書）の古本などを販売するとともに、小野の遺志をつぎたいと考えて、天野為之『経済原論』、小野の遺稿を収めた高田早苗編『東洋遺稿』上・下二巻をはじめとして、つぎつぎと新しい本を世におくり出していった。小野が始めた出版事業は新しい命を与えられ、その後、日本近代の出版史に多大な業績をあげる冨山房として、大きな発展をとげていくことになる。

では、小野が理論的・実践的に中心となって、他の人びとともに推進してきた二つの事業、政党と学校はどうなったのか。

3 〈小野梓〉は生きている

帝国憲法で「花」は咲いたか

小野梓が世を去って三年一ヵ月後の一八八九（明治二二）年二月一一日、大日本帝国憲法（以下、帝国憲法）が発布された。憲法の「花」は咲いた。しかし、果してそれは小野が待ち望んでいた「花」だったのかどうか。

まず、小野が「政本の職」と位置づけた君主と人民の関係、あるいは、「王室の尊栄」と「人民の幸福」の関係をみてみよう。帝国憲法では、立法・行政・司法の三権は、すべて天皇のもとに一元化され、あらゆる権力の源泉に天皇が据えられた[15]。ただし、天皇の統治権は無制限ではなく、憲法の条規にもとづいて行われることとなった。これまで法律によって拘束されることがなかった天皇の権力は、法的な制約のもとにおかれた。

伊藤博文は枢密院における憲法案審議の際、憲法を創設する精神は、君権を制限し、臣民の権利を保護することにある、と述べた。しかし、問題は「君権の制限」のあり方であり、「臣民の権利」の保護のあり方であった。帝国憲法の第二章「臣民権利義務」は、兵役・納税の義務にもとづいて、居住・移転の自由、法律によらない逮捕・監禁・審問・処罰からの保護、信教の自由、言論・著作・印行・集会・結社の自由などについて規定した。いずれも、小野が『国憲汎論』で詳細に論じた基本的人権にかかわるものである。

ところが、帝国憲法は「臣民の権利」について、法律の範囲内においてとか、安寧秩序を妨げず、臣民の義務にそむかない限りにおいて、といった制約をつけた。しかも、第七六条で、この憲法に矛盾しない現行の法令はすべて有効であると定めた。したがって、自由民権運動の弾圧に威力を発揮した帝国憲法制定以前の法は、実際には基本的にそのまま生き延び、帝国憲法のもとで「臣民」の自由を制約していくことになった。

小野は前述のように、君主による親政を否定し、内閣に責任を負わせる制度、さらには議会に基礎をおく政党内閣制によってこそ、政治は安定すると考えていた。では、帝国憲法は、小野が「行政の本源」と考えた内閣のあり方をどのように規定したのか。ところが、帝国憲法の条文をいくら探してみても、内閣に関する規定を見つけることができない。たんに国務「各」大臣は、天皇を輔弼し責任を負うとして、大臣それぞれと天皇の関係を規定しているに過ぎない。しかも、それは天皇との関係であり、議会との関係はまったく不明となっている。

議会開設後の立憲改進党

帝国憲法発布の翌年、一八九〇年一一月、帝国議会が開設された。帝国憲法のもと、議会には、さまざまな制約が付されていた。しかし、法律はすべて帝国議会の「協賛」（議決ではない）

を経なければならないことになった。また、予算も帝国議会の「協賛」を経なければ成り立たないことになった。非常に大きな制約つきではあったが、国民は法律と予算に関して、衆議院を通じて政治的な意思を反映させる手段を手にした。

　では、かつて小野が全力をあげてその組織化につとめた立憲改進党は、帝国議会の開設にどう臨んだのか。[16]すでに見たように、立憲改進党では一八八四年、党員名簿廃止問題が解党問題に発展して、一二月、総理の大隈重信、副総理の河野敏鎌らが脱党し、掌事の小野も党を離れた。しかし、東洋議政会系と嚶鳴社系の強い反対によって党組織そのものは維持された。一八八五年二月、立憲改進党は組織を再編して総理・掌事を廃止し、かわって事務委員七人を置くことにした。以後、主に東洋議政会系と嚶鳴社系が党運営にあたって、毎年一回、党大会を開催し、党組織の維持をはかっていた。こうしたなか、第四章冒頭で紹介した後藤雅信も、一八八九年一月、復党を申請して、二月、これが認められている。

　一八九〇年七月の第一回総選挙で立憲改進党は四六人が当選し、帝国議会開設後、民党の一翼を担って政府と対抗していく。一八九一年一二月には大隈が復党し、代議総会会長に就任して、党首の地位にカムバックする。一八九六年三月には、自由党と政府の提携に刺激されて、国権的な立憲革新党・大手倶楽部・中国進歩党などと合同し、進歩党を結成して解党するに至る。その後、立憲改進党の系譜は、一時、自由党系と合同して憲政党に参加した時期を経て、憲政本党、立憲国民党、立憲同志会、憲政会から、立憲政友会とならぶ昭和戦前期の二大政党である立憲民政党（一九二七年結成）へとつらなっていく。こうして、一九二〇年代、政党勢力の圧倒な成長を背景として、政党内閣を恒常的な形態とする政治運営、すなわち「憲政の常道」が出現することになる。

小野が大隈重信をいただいて結成した立憲改進党は、近代日本の政治を担う不可欠の存在となったのである。

「早稲田大学」開校と教育・政治の理想

一九〇二年九月、東京専門学校は組織・機構を改めて、私立学校令にもとづく「早稲田大学」となった。創立二〇周年の年である。こうして小野がその将来を展望した「十数年ノ後」、東京専門学校は早稲田大学となった。一〇月、記念式と早稲田大学開校式が挙行された。校長鳩山和夫の開会の辞につづいて、学監高田早苗が創立以来の歴史と大学とする理由について報告し、大隈が演説した。小野梓君はこの学校が創立以来もっとも困難を極め、存立が危い時、病気という恐るべき敵に打ち勝つことができず、空しく亡くなった。今日、この盛んな式にもし小野君が列席していたなら、実に二十年来、辛苦して経営した結果、ここに至ったとして、非常に喜ぶだろう。大隈はこのように述べて、東京専門学校が危機を克服し、小野が待望した「大学」となったことを祝った。

一九〇七年四月、早稲田大学は従来の校長・学監制を廃して総長・学長制を採用し、この年一月に憲政本党の総理を辞任した大隈重信が初代総長となった。そして、同年一〇月の創立二五周年式典で、校歌（「都の西北」）が制定された。相馬御風が作詞した歌詞は、「進取の精神」と「学の独立」を高らかにうたいあげた。それは、小野梓の活動を支えた「改進」の精神と、彼が掲げた「学問の独立」の精神に連なるものであった。

一九〇八年二月、小野梓の二三回忌が早稲田大学により築地本願寺で執り行われた。関係者百余名のほか、早稲田大学の学生千余名が参加したという。導師は共存同衆時代の小野の旧友島地黙雷であった。この時、大隈重信は小野梓を追懐してその死を惜しみ、政治上、教育上、必ずその理想が早晩、実現されるに違いないと語った。

政治上では、梓君とともに力を尽した国会が開設され、その著書『国憲汎論』は彼の精神を伝えて人びとの迷いをひらいている。教育上では、梓君の心血を注いだ東京専門学校が、今や大に発展して早稲田大学となり、早稲田大学はさらに第二期の発展をなさんとしている。梓君が経営した東洋館は、冨山房となり、また、早稲田大学出版部となって現存している。

大隈はこのように小野が着手した教育事業と出版事業の発展を確認した。しかし、「我憲政の現状」については不満を述べ、「学校より出たところの第二の国民」が、「梓君の意志を継いで社会に活動し、真に憲政の花と実とを完うする」ことに期待を寄せた。ちょうどこの頃、政府が議会に提出した増税法案に対して、実業家たちが反対運動を展開していた。大隈はこのような政治を動かそうとする国民（この場合は実業家）の「権利」の自覚に注目し、小野が思い描いた「憲政の花と実」が実現することに期待をつないでいたのである。そして、その五年後の一九一三年二月、日本歴史は民衆の力によって内閣が辞職に追い込まれるという、はじめての体験をすることになる。

大正デモクラシーと「憲政の花」

一九一二（大正元）年一二月、陸軍が要求する二個師団増設を第二次西園寺内閣が拒否したことに対し、陸相は単独で辞表を提出し、陸軍が後任を推薦しなかったことから、内閣は総辞職に追い込まれた。後継首相には、長州閥で陸軍の中心人物、桂太郎が就任したばかりの内大臣と侍従長を辞職して就任した。これに対して、藩閥勢力が天皇を利用して政権を独占しているという批判がおこり、憲政擁護運動（護憲運動）が高まっていった。かつて小野とともに立憲改進党をつくった尾崎行雄・犬養毅らが運動の先頭にたち、ジャーナリストや商工業者、都市の民衆が運動に参加した。運動は全国に広がり、一九一三年二月一〇日、民衆が議会を包囲するなか、桂は総辞職を決意した。大正政変である。

この年の秋一〇月、早稲田大学は創立三〇周年式典を挙行し、「教旨」を制定した[17]。その結果、「学問の独立」は、「学問の活用」・「模範国民の造就」とあわせて、早稲田大学の「建学の本旨」となった。こうして、小野が開校式で演説した「学問の独立」は、正式に早稲田大学の基本精神に位置づけられた。

桂内閣にかわった山本権兵衛内閣も、その翌一九一三年、海軍高官の汚職事件（シーメンス事件）によって倒壊に追い込まれた。政府批判の急先鋒は、やはりかつて小野とともに立憲改進党をつくった島田三郎であった。

高まる「大正デモクラシー」のうねりを支えていたのは、憲法学者美濃部達吉の憲法論と、政治学者吉野作造の政治論であった。天皇機関説や政党内閣論を唱える美濃部の憲法論は、帝国憲法を最大限、立憲主義的に解釈することによって、政党政治の正当性を理論化しようとするものであった。吉野が提唱した民本主義は、天皇主権の帝国憲法のもとで、主権の問題にはふれることなく、国家運営の仕方を立憲君主制に近づけていこうとする理論であった。それは、帝国憲法のもとで、「憲政の花」を咲かせようとする理論的・思想的営為であり、ある意味、小野が憲法の制定によって実現しようとしたものに通じていた。

一九一八年三月、早稲田大学仏教教友会は三三回忌を記念して「追悼大講演会」を開催し、大隈らの追懐文を収録した『小野梓』を刊行した。また、築地本願寺では、田原栄・吉田東伍の追悼会とあわせて、小野梓の三三回忌が開催された。この時、大隈重信は「あのか弱い身体を持ちながら死ぬる迄積極的に働いた」と、小野梓を振り返った。(18) そして、つぎのように述べた。

小野君の人格とその熱心なる精神は千古不滅であって、その徳は忘れられない。小野君が心血を注いだ早稲田大学は学問の独立を標榜している。学問の独立はやがて個人の独立で、之が憲法の精神である。憲法は国家の自治である。自から治めるものが集合するが《（ママ）》国家の主義である。吾輩は少くとも社会教育上よりして小野君の徳を頌し、且つ其主義が益々盛大となって小野君の精神を体現し、天下を益せしむことを希望して止まないんである。

憲法の精神は、個人の独立を実現する学問の独立によってこそ支えられる。大隈は小野の功績をこのように称えた。

没後五〇年と「学問の独立」

小野梓を思い起こすことによって、あらためて早稲田建学の理念を考える機会となったのは、一九三五（昭和一〇）年の小野梓没後五〇年記念の折のことであった。

この年一一月二〇日、西村眞次『小野梓伝』が冨山房から刊行された。藍色の表紙には、「一滴之水集為海　一粒之沙積成地　要在結合　源梓」という小野の書が、金色の文字で印字された。一滴の水が集まって大海となり、一粒の砂が積もって大地となる。要は結合にある。それは、小野が自らに課した課題であると同時に、時代を超えて彼が発したメッセージでもあった。

一一月二一日、早稲田大学理事会は、冨山房社長坂本嘉治馬からの寄付金一万円を小野梓奨学基金とすることを決定し、学部ごとに成績優秀者に授与することとした。さらに一一月二三日、坂本嘉治馬の寄贈により小野梓の胸像が早稲田大学の大隈庭園に建てられ、除幕式が挙行された。この式には、小野の次女安子をはじめとする縁故者と、早稲田大学の教職員・学生など千余人が参列した。冨山房が参列者に贈った写真葉書には、胸像などの写真とともに、「従人心則盛背輿論則衰」という小野の書の写真が印刷された。人心に従えば盛となり、輿論に背けば衰える。政治は人心に従うべきであって、輿論に背いてはならない。小野が遺したメッセージである。

翌一九三六年五月には、西村眞次編『小野梓全集』上・下二巻が冨山房から刊行された。小野没後五〇年と冨山房開業五〇周年の記念出版である。その表紙にも、「一滴之水集為海　一粒之沙積成地　要在結合　源梓」という小野梓の書が印字された。

東洋館書店の店員だった坂本は、小野の没後、遺志をついで出版事業を興した。その恩に報いるために早稲田大学に小野の胸像を贈り、『小野梓伝』・『小野梓全集』を刊行した。没後五〇年を期して、坂本は小野の〝姿〟と〝思想〟を蘇らせた。

この時開催された小野梓先生記念講演会で、高田早苗は小野の思い出を語り、常務理事金子馬治は、「小野先生学問の独立の意義」と題する講演を行った。金子はほぼ半世紀前、小野が東京専門学校の開校に際して行った演説には、「三つの大きな精神」が含まれていると述べた。学問の究極の目的は「一国の独立」にあるということ、学問は他の力から独立した「最高の地位」をもつということ、ほかに頼らない精神、「独立の気象」こそが重要である。この三つが「学問の独立」の理念に小野が込めたものだと金子は強調した。

しかし、早稲田大学はその後、果たして金子が言うように「学問の独立」を貫徹することができたのかどうか。デモクラシーの時代が終止符を打った時、どのような「国民」を求めていったのか。前述のように、一九三六年五月刊行の『小野梓全集』に小野の主著『国憲汎論』は収録されていない。前年、美濃部達吉の天皇機関説が攻撃された。この事件と密接にかかわるものであろう。天皇機関説排撃の動きが早稲田大学にいかに及んだかについては、『早稲田大学百五十年史』第一巻を参照してほしい[19]。

一九三七年一一月、早稲田大学は国旗掲揚場と建学之碑の除幕式を挙行した。碑には、「学問の独立」・「学問の活用」・「模範国民の造就」の三大教旨が刻まれたが、田中穂積総長は訓話で「学問の独立」にまったく触れていない[20]。一九三八年、国家総動員法によって憲法の機能は停止され、一九四〇年、諸政党は解党して大政翼賛会が発足した。そして、一九四三年、学徒出陣によって、早稲田大学も多くの学徒たちを戦地に送り出していった。戦争によって「学問の独立」

も「個人の独立」も「精神の独立」も否定された。

4　新しい時代と〈小野梓〉

通底する〈小野梓〉の精神

一九四五（昭和二〇）年の敗戦を経て、一九四六年一一月、日本国憲法が公布された。小野が亡くなって六〇年後のことである。一九七八年六月、早稲田大学は創立百周年記念事業の一環として新版『小野梓全集』の刊行を開始し（後述）、第一巻に『国憲汎論』を収録した。その解題の最後を、編者の福島正夫氏はつぎのように結んでいる。

彼が本書で示した国憲の精神は、むしろその没後六〇年の日本国憲法に至ってはじめて生かされたものといえよう。

日本国憲法は、主権在民、基本的人権の尊重、平和主義を基本原理とする。天皇は政治的な権力をもたない国民統合の象徴となった。国民が直接に選挙する国会が国権の最高機関となり、国会が内閣の中心となる内閣総理大臣（首相）を指名することとなった。内閣が国会に対して責任を負う議院内閣制が採用された。具体的な仕組みの点で、小野の主張と相違するのは当然だが、しかし、その基本精神は小野が『国憲汎論』で構想したことに通底している。憲法の本質は、

「主治者」の「職分権力」を明示し、その「暴政非治」を防禦して、「被治者」の「安堵」をはかることにあるからである。

「民者国之本　吏者民之雇」―国民主権原理にもとづく日本国憲法は、ある意味で「民者国之本」であることを基本にすえた（徹底させた）ものとみることもできる。そして、日本国憲法は「第三章　国民の権利及び義務」のなかで、「公務員を選定し、及びこれを罷免することは、国民固有の権利である」「すべて公務員は、全体の奉仕者であって、一部の奉仕者ではない」（第一五条）と規定している。いわば、「吏者民之雇」である。

継続される〈小野梓〉記念

一九五五年一一月、早稲田大学の主催で「小野梓先生七〇年記念祭」が執り行われ、また、記念展示会が開催された。一九五七年一一月、早稲田大学創立七五周年記念事業の一環として、七号館に小野記念講堂が設置された時、坂本嘉治馬が贈った小野の胸像は、大隈庭園から講堂内に移設された。以来約半世紀、小野記念講堂で開催される講演会などの催しを見守り続けていくことになる。翌一九五八年五月、早稲田大学は小野梓記念賞を定めて、学術賞・芸術賞・スポーツ賞を同年度卒業生からそれぞれ若干名に授与することとした。

一方、小野が生まれ育った高知県宿毛では、一九七二年一〇月、早稲田大学が創立九〇周年を記念して、宿毛市の東福寺山の一角に「東洋小野梓之墓」を建てた。裏面には、当時の村井資長総長の揮毫により、小野の「学問の独立」の銘句が刻まれた。

一九八六年一〇月、小野梓没後百年を記念して、早稲田大学は宿毛の清宝寺境内の「小野梓君碑」の脇に、西原春夫総長筆による案内碑を建て、一〇一回忌法要を営んだ。この時、宿毛市の中央公会堂では記念の講演会が開催された。なお、同月、早稲田大学の小野記念講堂でも、「小野梓先生没後百年記念講演会」と展示会が開催され、これと同時に、早稲田大学大学史編集所編『小野梓の研究』（早稲田大学出版部）が刊行された。

切り拓かれる〈小野梓〉研究

一九六八年六月、前述のように『国憲汎論』が『明治文化全集』第二八巻として、日本評論社から刊行された。一九七三年三月には、家永三郎編『大井憲太郎　植木枝盛　馬場辰猪　小野梓集』が『明治文学全集』12として、筑摩書房から刊行された。自由民権の代表的思想家として、小野が着目されるようになったのである。他方、「羅瑪《ローマ》律要」はその原本が不明であったが、「国憲論綱」の自筆稿本とあわせて、法務図書館に所蔵されていることが確認され、一九七四年七月、『小野梓稿　国憲論綱　羅瑪律要』として、早稲田大学比較法研究所から刊行された。こうして、小野の法理論に関する著述をつぶさに研究することが可能となった。

そして、一九七三年、創立百周年を迎えようとする早稲田大学は、記念事業の一環として、『小野梓全集』を刊行することを決定した。大学創設の最大の功労者である小野梓を追慕・顕彰するとともに、偉大な思想家としての小野の全貌を著作によって内外に紹介しようとしたのである。一九七八年六月、まず、「国憲汎論」を収めた第一巻が刊行され、ついで「羅瑪律要」・「民法之骨」・「国憲論綱」などからなる第二巻、思想関係・政治外交関係・法律関係の論策からなる第三巻、「東洋論策」と財政経済関係・学問教育関係・宗教関係・社会関係の論策などからなる第四巻、社会活動関係資料・詩歌・書翰・日記などを収めた第五巻を順次刊行して、一九八二年三月、完結をみるに至った。

こうして、本格的な小野梓研究の土台が画期的に整備され、以後、小野梓に関する研究は飛躍的に進展した。

二一世紀の〈小野梓〉

二〇〇一年、早稲田大学は小野梓生誕一五〇周年記念事業の一環として、東京谷中霊園の墓碑とその周辺を改修・整備し、「小野梓先生墓碑」の案内板を建てた。翌二〇〇二年には、創立一二五周年記念事業の一環として、小野梓生誕一五〇周年を記念する図録、早稲田大学編『図録小野梓　立憲政治の先駆・大学創立の功労者』を刊行し、また、「小野梓展」を開催した。『図録小

39　宿毛市・小野梓記念公園の胸像

40　早稲田大学小野梓記館の胸像

野梓』の表紙には、「採公議而為政　随輿論而布治　明治十五年秋　東洋学人梓書」の写真が掲げられている。政治は公議輿論にもとづいて行われなければならない。この小野のメッセージは、一四〇年以上の時を越えて、政治のあり方を鋭く問い詰めている。

二〇〇二年、早稲田大学は高知県宿毛市の小野梓の生家の地を取得し、ここに建立した小野梓の胸像（図版39参照）とあわせて宿毛市に寄贈した。宿毛市はこれを小野梓記念公園として整備し、永く小野の志を伝えていくこととした。

二〇〇五年、早稲田大学は創立一二五周年にあたって小野梓記念館（二七号館）を建築した。その際、坂本嘉治馬が贈った小野の胸像は、七号館からこの建物の階段をおりた地下一階に移った。小野の胸像は自らが理想とした日本の姿を仰ぎ見るように、大隈講堂を望む位置で早稲田に学ぶもののゆくえを見守っているかのようである（図版40参照）。

二〇一八年三月、早稲田大学歴史館が開館した。同館の「久遠の理想」コーナーは、小野梓と彼のもとに結集した若者たちが、理想にもえて「早稲田」を創ったことを、つぶさに明らかにしている。

小野梓が発した「学問の独立」のメッセージは、時代を超えて早稲田の精神であり続けている。小野梓が亡くなって一四〇年近くが過ぎたが、〈小野梓〉は生き続けている。

「早稲田」の学祖＝小野梓

小野梓が東京専門学校を創立したのは、三〇歳の時のことである。したがって、小野が生きていれば、創立三〇周年の一九一二年に還暦を迎えるはずであった。創立三〇年にあたって、早稲田大学は「教旨」を定め、「学問の独立」・「学問の活用」・「模範国民の造就」を建学の精神とした。「早稲田」の建学の精神は、創立にあたって演説した小野梓の「学問の独立」に根差しており、小野の精神と理念が早稲田の建学の精神を基礎づけている。しかも、本書で明らかにしたように、小野こそ、まさに「学問の活用」の実践者であった。憲法案編纂中の元老院に「国憲論綱」を提出し、『国憲汎論』を宮中に提出して、憲法起草事業への反映を試みようとした。「条約改正論」を執筆して、その実現を外務卿に迫ろうとした。彼の学問は、日本の現実にコミットし、その「改進」（改良前進）をはかろうとする政策提言的な要素を強くもっていた。また、彼が求めてやまなかったのは、独立自主の精神に満ちた「国民」であった。そのためにこそ、彼は啓蒙活動に奔走し、学校をつくり、出版事業を展開した。

しかし、小野が学祖たるゆえんは、そうした理念・精神と学問のあり方にだけあるのではない。高田早苗・天野為之・市島謙吉らは、いずれも小野を介して大隈重信の知遇を得、創立時に「早稲田」の基礎をつくり、その後の「早稲田」の発展を担った。小野なくして、「早稲田」が誕生し得たか否か、「早稲田」がその後の発展を遂げ得たか否か。その意味で、小野こそ「早稲田」の組織・運営にとっての恩人である。

それにしても、学祖と呼ぶには、小野梓はあまりにも早く、若くして世を去った。大隈重信は、「梓君の精神は千古不滅」であり、政治上、教育上、必ずやその理想が実現されるに違いないと自らを慰めていたと語っている。[21] 大隈が言うように、小野こそ「早稲田」の恩人であり、小野なくして今日の「早稲田」はない。奇しくも小野が生まれて三〇年目に「早稲田」は生まれた。やがて迎える早稲田大学創立一五〇周年は、小野梓生誕一八〇周年でもある。

（1）早稲田学大学史編集所編『小野梓全集』第五巻、早稲田大学、一九八二年、一六八頁。
（2）小松裕「足尾鉱毒問題と学生運動」（熊本大学『文学部論叢』六五、一九九九年三月）。
（3）永田新之允『小野梓』冨山房、一八九七年、三〇九頁。
（4）以下、早稲田学大学史編集所編『小野梓全集』第四巻、早稲田大学、一九八一年、「解題」（七七五～七七六頁）。
（5）早稲田大学仏教教友会編刊『小野梓』（一九一八年）には、大内青巒「小野梓君と仏教」が収録されている。
（6）『中央時論』第一一号、一九八五年四月、による。早稲田大学百五十年史編纂委員会編『早稲田大学百五十年史』第一巻、早稲田大学、二〇二二年、二二四四～二二四六頁、参照。
（7）『早稲田学報』第七六号、一九〇二年一〇月。
（8）前掲『早稲田大学百五十年史』第一巻、四五二～四五三頁。
（9）以下、斉藤英子編『菊地茂著作集』第一巻、早稲田大学出版部、一九七七年、三四七～三五三頁。
（10）前掲『菊地茂著作集』第一巻、四四四頁。
（11）『早稲田学報』第七八号、一九〇二年一二月。
（12）前掲『早稲田大学百五十年史』第一巻、四七一～四七二頁、などを参照。
（13）前掲『早稲田大学百五十年史』第一巻、八九三～九〇〇頁、参照。一九二三年五月、陸軍と大学当

局の後援をうけて軍事研究団が結成されたが、一〇日の発団式は反対の動きで大混乱となり、一二日の反対の学生大会の際には、双方の支援学生が衝突して流血の大乱闘となった。
(14) 坂本守正編『坂本嘉治馬自伝』冨山房、一九三九年、一四〜二〇頁。
(15) 以下については、大日方純夫『「主権国家」成立の内と外』〈日本近代の歴史②〉吉川弘文館、二〇一六年、一八九〜一九六頁、などを参照。
(16) 以下については、大日方純夫『自由民権運動と立憲改進党』早稲田大学出版部、一九九一年、二八一〜三五六頁、参照。
(17) 教旨の制定については、前掲『早稲田大学百五十年史』第一巻、五四一〜五四七ページ、参照。
(18) 前掲早稲田大学仏教教友会編『小野梓』、一一一〜一一七頁。
(19) 前掲『早稲田大学百五十年史』第一巻、一〇七〇〜一〇七三頁。
(20) この点については、『早稲田大学百五十年史』第一巻、一一二一〜一一二二頁、参照。「建学之碑」は、現在、早稲田キャンパスの正門左側に移設・設置されている。なお、碑文には「立憲帝国の忠良なる臣民として」と刻まれているが、敗戦後の一九四七年、この文言は「教旨」から削除され、現在の「教旨」にはない。
(21) 「東洋学人を懐う」(早稲田大学編『大隈重信演説談話集』岩波書店〈文庫〉、二〇一六年、一七五頁)。

あとがき

私は大学院在学当時の一九七七年から、早稲田大学創立百周年記念事業の一環である『小野梓全集』の編集事業に参加させていただき、翌年、博士課程を終えるとともに、常勤の嘱託として、『全集』の編集作業に専心した。以来五年間、小野梓の著作や論策、手紙や日記などを読んで校訂を進め、句読点や読み仮名、注などを付けるとともに、小野が書いた文章や手紙などに関する探索を重ねた。『全集』全五巻・別巻一は、一九八二年に完結したが、その過程で私は小野梓に対する関心を深め、さらに小野研究を介して立憲改進党に関する研究を進めた。その成果をまとめたものが、『自由民権運動と立憲改進党』(早稲田大学出版部、一九九一年)である。本書第四章は、同書で究明した成果を基礎としている。

その後、直接に小野梓と関わる機会は薄かったが、二〇一〇年九月に早稲田大学大学史資料センターの所長となってから、また、あらためて小野梓と密接にかかわることになった。小野の出身地、高知県宿毛市で開催された梓立祭では、二〇一二年と二〇一五年、二度にわたって講演させていただいた。また、小野梓を〝主役〟としながら、二〇一二年には『自由民権期の社会』

（敬文舎）を書いた。さらに、本書の「まえがき」で触れたように、二〇一六年には冨山房創業一三〇周年記念出版として、『小野梓―未完のプロジェクト』（冨山房インターナショナル）を書いた。本書の各章、とくに第六章は、同書執筆の際に深めたことにもとづいている。

他方、二〇一八年三月に開館した早稲田大学歴史館の「久遠の理想」エリアの展示にかかわり、これにより東京専門学校の開校にあたった小野梓らの建学にかけた思いと実践を展示によって開示することができた。これについては、小文「早稲田大学歴史館における小野梓の位置」（『早稲田大学史記要』第四九巻、二〇一八年三月）を参照していただきたい。また、二〇一六年から本格化した『早稲田大学百五十年史』の編纂事業では、第一巻冒頭の「東京専門学校学校の創立と建学の理念」の章を担当し、小野梓と彼のもとに結集した若者たちの役割を追究した。本書の第五章が、直接にこれとかかわる章である。

本書各章の導入で取り上げた新資料については、〈第三章〉「資料紹介　丹尾安典氏旧蔵小野梓書簡」（『早稲田大学史記要』第五一巻、二〇二〇年二月）、〈第一章〉「資料紹介　酒井佐芳氏旧蔵小野梓書簡」（『早稲田大学史記要』第五三巻、二〇二二年二月）、〈第七章〉「小野梓の書「民者国之本吏者民之雇」―政治理念と揮毫―」（『早稲田大学史記要』第五五巻、二〇二四年三月）で、それぞれ検討を加えている。本書とあわせて参照していただければ幸いである。貴重な資料を寄贈して下さった方々に、この機会にあらためてお礼申し上げたい。

私は二〇一五年から、早稲田実業学校初等部出身の若者たちを中心とする〈小野梓を読む〉会に参加し、小野梓の「東京専門学校」開校演説、『国憲汎論』最終章、「教育論」などを丹念に読み込む取組みを一緒に進めた。それは、彼らの大学入学当初から、卒業後の二〇二一年に及んだ(成果は『小野梓と現代』と題して近刊の予定)。その過程で小野の教育論について考えたことも、本書の叙述に反映されている。

本書の大きな特徴は、写真や図版・地図などを多用し、それらを本文と連動させながら叙述している点にある。写真・図版の掲載でお世話になった宿毛市の観光協会と清宝寺、国立国会図書館憲政資料室に「小野梓文書」を寄託されている坂本起一氏、東京大学明治新聞雑誌文庫、東京都公文書館、そして、早稲田大学図書館、早稲田大学歴史館、早稲田大学會津八一記念博物館、早稲田大学政治経済学術院研究図書室、『早稲田学報』編集部と倉島彰氏にお礼申し上げる。また、本書は国立国会図書館・国立公文書館が公開しているデジタル・アーカイブズの恩恵に浴している。

本書の出版は、この間、小野梓に関する新資料の寄贈があいついだことから、二〇二三年九月、これら新資料を入口(導入)にして小野梓についてまとめてみようと考えて、渡邉義浩理事(当時、早稲田大学歴史館館長)に相談とお願いをしたことが、直接の発端となっている。渡邉理事の紹介により早稲田大学出版部の八尾剛己編集部長と編集部の畑ひろ乃氏にお目にかかり、同出版部で引き受けていただけることになった。編集に関する万端は、畑氏が担当して下さった（特に写真・図版・地図の掲載は、ご尽力の賜物である）。本書を生み出していただいた各位に深く感謝する次第である。

今年は、留学から帰国した小野梓が、日本社会の改革に向けて実践活動を開始してからちょうど一五〇年目にあたり、自由民権一五〇年の年でもある。本書によって、多くの方々が小野梓の生き方や思想に触れるとともに、その志やメッセージを受け止めてくださることを願ってやまない。早稲田大学誕生の歴史的意味をあらためて考える機会となれば幸いである。

二〇二四年九月

大日方　純夫

大日方純夫（おびなた・すみお）

早稲田大学名誉教授。1950年長野県生まれ。早稲田大学第一文学部卒業後、同大学院文学研究科博士課程満期退学。博士（文学）。日本近代史を専門とし、警察史、自由民権運動史、対外認識史などを追究。主な著書は『警察の社会史』（岩波書店）、『近代日本の警察と地域社会』（筑摩書房）、『自由民権期の社会』（敬文舎）、『「主権国家」成立の内と外』（吉川弘文館）、『世界の中の近代日本と東アジア』（同）、『小野梓―未完のプロジェクト』（冨山房インターナショナル）など。

早稲田新書026

早稲田大学《わせだだいがく》の学祖《がくそ》 小野梓《おのあずさ》
―大隈重信《おおくましげのぶ》が信頼《しんらい》した先覚者《せんかくしゃ》―

2024年12月２日　初版第１刷発行

著　者　大日方純夫
発行者　須賀晃一
発行所　株式会社 早稲田大学出版部
〒169-0051　東京都新宿区西早稲田１-９-12
電話　03-3203-1551
https://www.waseda-up.co.jp
装　丁　三浦正已（精文堂印刷株式会社）
印刷・製本　精文堂印刷株式会社

ISBN：978-4-657-24015-6

早稲田新書の刊行にあたって

いつの時代も、わたしたちの周りには問題があふれています。一人一人が抱える問題から、家族や地域、国家、人類、世界が直面する問題まで、解決が求められています。それらの問題を正しく捉え解決策を示すためには、知の力が必要です。整然と分類された情報である知識。日々の実践から養われた知恵。これらを統合する能力と働きが知です。

早稲田大学の田中愛治総長（第十七代）は答のない問題に挑戦する「たくましい知性」と、多様な人々を理解し尊敬して協働できる「しなやかな感性」が必要であると強調しています。知はわたしたちの問題解決によりどころを与え、新しい価値を生み出す源泉です。日々直面する問題に圧倒されるわたしたちの固定観念や因習を打ち砕く力です。「早稲田新書」はそうした統合の知、問題解決のために組み替えられた応用の知を培う礎になりたいと希望します。それぞれの時代が直面する問題に一緒に取り組むために、知を分かち合いたいと思います。

早稲田で学ぶ人。早稲田で学んだ人。早稲田で学びたい人。早稲田で学びたかった人。早稲田とは関わりのなかった人。これらすべての人に早稲田大学が開かれているように、「早稲田新書」も開かれています。十九世紀の終わりから二十世紀半ばまで、通信教育の『早稲田講義録』が勉学を志す人に早稲田の知を届け、彼ら彼女らを知の世界に誘いました。「早稲田新書」はその理想を受け継ぎ、知の泉を四荒八極まで届けたいと思います。

早稲田大学の創立者である大隈重信は、学問の独立と学問の活用を大学の本旨とすると宣言しています。知の独立と知の活用が求められるゆえんです。知識と知恵をつなぎ、知性と感性を統合する知の先には、希望あふれる時代が広がっているはずです。

読者の皆様と共に知を活用し、希望の時代を追い求めたいと願っています。

２０２０年12月

須賀晃一